Dedicato a mia moglie Katia

La vita è come uno specchio:
ti sorride se la guardi sorridendo.
(Jim Morrison)

Claudio Petronio

LA GIUNGLA

*Vivere e sopravvivere da manager
all'interno di un'azienda*

STUDIO SCM

Prima edizione: aprile 2024

Editing: studio SCM
Quarta di copertina: Claudio Petronio
Studio grafico: Studio SCM
Foto Cover: ©Matthieu-Lemarchal

ISBN: 979-83-2118-821-7

PREFAZIONE

"Tutto quello che siamo è il risultato
dei nostri pensieri"

Buddha

Era diversi anni che avevo voglia di scrivere un libro. L'idea era nata con il Coach Remo Bernardi, almeno una decina d'anni fa, dopo molte letture e corsi che avevano come argomento l'uomo, i comportamenti e le relazioni. Oltretutto, la nostra comune passione verso la cultura orientale, anche se da prospettive diverse, ci permetteva di aggiungere, alle reciproche esperienze (le sue molto più scientifiche delle mie), punti di vista interessanti anche filosofici, proprio sui comportamenti all'interno dei contesti sociali, ad esempio come quello aziendale.

Cinque anni prima di immaginare di scrivere un libro, dopo la mia personale esperienza con il Coach Remo, quando il coaching era ancora una parola semi sconosciuta, soprattutto in ambito aziendale, credo tra i primi in Italia, ho provato ad affiancarlo ai miei manager. Esperienza interessante, anche se con risvolti diversi, che hanno messo proprio in evidenza i caratteri e le reazioni dei singoli all'interno di uno scenario complesso ed articolato come quello aziendale. Un'esperienza che mi ha portato a pensare che, quando avrei avuto la possibilità di ritirarmi dall'attività lavorativa, mi sarei dedicato a scrivere un libro sulla sopravvivenza nel mondo aziendale, con l'analisi dei comportamenti di chi ci lavora. Avevo le idee abbastanza chiare e pensavo, appunto, quasi ad un manuale sul cosa fare, come farlo e perché, all'interno di un'azienda, ma poi, i fatti della vita ti portano a rivedere o correggere i tuoi progetti e quindi il manuale si è trasformato in un romanzo.

Un romanzo che, affronta i comportamenti del singolo all'interno dell'azienda, prova a toccare le criticità della giustizia italiana, ma soprattutto vuole affrontare ed analizzare l'azienda stessa e le dinamiche che la guidano. Un romanzo che non contiene riferimenti autobiografici, ma che vuole sottolineare come l'azienda, non sia un qualche cosa di astratto, ma un luogo dove, a tutti livelli, ci sono sempre e solo uomini o donne che ne determinano il funzionamento.

E' evidente che tutti i personaggi del libro sono inventati, come pure la trama del romanzo, una storia di fantasia dove i vari personaggi possono mettere in evidenza modalità corrette ed errate per essere manager. Ognuno di noi, è il frutto delle specifiche esperienze, di dove e come ha vissuto, di chi ha incontrato, dall'intensità delle relative frequentazioni e da quello che ha visto. Ovviamente, le riflessioni e le considerazioni dei personaggi, sono soggettive e relative ad uno specifico stile di direzione, di certo non univoco.

L'educazione che nasce all'interno della famiglia è la base di partenza per costruire il "chi siamo" e, da questo punto di vista, pur nella sua breve vita, mio padre mi ha trasferito la determinazione di lottare contro le ingiustizie e contro la prepotenza, mentre mia madre l'umiltà. Nasce quindi dall'insieme delle mie esperienze e della mia educazione questo mio primo romanzo, che ambisce ad essere anche un manuale per il manager. Un lavoro per me eccitante sul quale sono stato supportato ed incitato da mia moglie Katia, che da oltre trent'anni è la musa ispiratrice della mia vita e dei miei successi, e senza la quale, probabilmente, sarei un'uomo molto diverso.

L'ALBA

*"Ogni cosa che ti irrita ogni cosa che ti infastidisce
quella è il tuo maestro"*

Hiroschi Schirai

Quella mattina Cesare si svegliò di soprassalto! Non era la sveglia, normalmente impostata alle sei, che stava suonando, ma il campanello di casa! Guardò l'orologio sul comodino e vide che segnava le cinque e trenta! Nonostante fosse abbastanza addormentato, riuscì ad alzarsi in piedi ed a recuperare la lucidità, mentre il campanello suonava nuovamente! Jolanda, ancora addormentata disse : *"ma chi è? Non aprire"*. Cesare la tranquillizzò anche se, aveva intuito che quel campanello, non annunciava nulla di buono!

Non immaginava certo che, quel campanello, avrebbe segnato l'inizio di un'incubo che, oltre a rimettere in discussione buona parte di quello in cui aveva creduto, avrebbe resettato anche i sogni ed i progetti su cui aveva disegnato l'ultimo terzo della sua vita, ma non solo. E' incredibile come la nostra quotidianità, che spesso critichiamo e vorremmo fosse diversa, e magari più eccitante, sia il pilastro che, giorno per giorno ci sostiene e ci permette di vedere, nel tempo, la nostra crescita, quella dei nostri figli e come la natura ci trasforma e trasforma i nostri cari e quello che ci circonda. E' incredibile come la nostra quotidianità, basata sugli equilibri che ci siamo costruiti nel tempo, quando è messa in discussione, diventa per noi un'incredibile fonte di criticità, in grado di piegare anche il carattere più forte.

Con razionalità immaginiamo il nostro futuro sulla base di quello che abbiamo vissuto e sulla base di quello che i messaggi esterni ci hanno portato a considerare positivo e che ci farà stare bene. Costruiamo progetti per noi stessi e per i nostri cari, progetti che ci rendono felici. Gli imprevisti, i pesanti imprevisti ci creano disperazione perché sono i contesti che non possiamo controllare, i fatti sui quali, almeno nell'immediato, non possiamo influire. E' questo che può rompere l'equilibrio umano. In tutte le avversità è la capacità di gestire questi imprevisti che ci rende sempre più forti!

CESARE

"Tutte le infelicità umane provengono dal non affrontare con coraggio la realtà per quello che è"

Buddha

OGNI UOMO HA UNA STORIA

Cesare Perego come ogni mattina alle 7,50 metteva in moto l'auto per recarsi in ufficio. Il suo primo kapo gli aveva insegnato che bisognava essere i primi ad arrivare e gli ultimi ad uscire e lui, in qualità di direttore generale, voleva dare il buon esempio in azienda. Cesare si svegliava tutte le mattine alle sei, prima di tutto perché con il passare degli anni, aveva bisogno di un po' di tempo per mettere in moto il cervello, ma soprattutto perché, voleva mantenere il rito che, lui e Jolanda avevano, iniziato quando avevano cominciato a convivere e che avevano continuato da sposati!

Far colazione insieme! Anche adesso che Fabio e Clotilde, i loro figli, erano grandi e sviluppavano le loro esperienze in giro per il mondo, Cesare e Jolanda volevano mantenere questa abitudine. Cesare, ormai quasi sessantacinquenne, era orgoglioso di sua moglie; era più giovane di lui di quindici anni e continuava ad essere una donna con un corpo stupendo. Quando si alzava alle sei per preparare la colazione e dar da mangiare al cane, non poteva fare a meno di ammirarla quando ancora dormiva, quasi sempre senza nulla addosso! Clotilde, la figlia maggiore venticinquenne, viveva e lavorava a Melburne, dove si era trasferita, ancora prima della laurea per coltivare la sua passione per i viaggi e la fotografia, e per poi, finita l'università, lavorare come biologa ricercatrice nel colosso farmaceutico australiano Sigma Healthcare a Clayton. Era la fotografia di Jolanda quando aveva la sua età e di certo, non passava inosservata per il fisico mozzafiato di un metro e settantacinque, la folta chioma castana e gli occhi verdi.

Non aveva un compagno, o perlomeno, nelle fotografie, le figure maschili che erano in sua compagnia, non erano sempre le stesse. Diceva di non avere nessuna intenzione di mettere su famiglia e questa, era la grande preoccupazione di Cesare. Fabio aveva ventitre anni, aveva raggiunto la laurea triennale in ingegneria elettronica ed ora viveva a Dubai. Da poco lavorava per conto di GPI che, assieme a Telecom, aveva ottenuto il contratto per la realizzazione della rete di connessione del paese. Anche se con fatica, Fabio continuava anche gli studi dato che era intenzionato ad ottenere il dottorato. Guadagnava molto per la sua età, ma d'altra parte oltre ad essere fin da ragazzo estremamente competente nell'informatica, aveva il carattere del leader. Un carattere che ricalcava molto quello del nonno Claudio, il papà di Cesare, in parte costruito per l'educazione ma anche per il tempo che, fin da bambino, aveva dedicato alle arti marziali ed in particolare al Karatè. L'arte marziale nella quale era stato introdotto da Cesare e che anche Lui aveva praticato, per oltre quarant'anni.

Fabio era un bravo atleta ed aveva fatto parte, per un paio d'anni, della nazionale juniores, poi, l'università prima, il lavoro dopo e soprattutto l'amore, lo avevano necessariamente allontanato dall'attività agonistica, anche se, comunque, continuava a praticare assiduamente i tatami, che incontrava nei suoi spostamenti in giro per il mondo. Guardando la sua meravigliosa compagna, di madre indiana e padre italiano, si poteva capire come mai l'amore avesse condizionato la vita di Fabio. Alta un metro e ottanta con la carnagione brunita, i capelli neri e gli occhi azzurri, Jasmine, coetanea di Fabio, aveva fatto per alcuni anni, con grande successo, la modella, per poi dedicarsi al lavoro ed incontrando proprio in questo contesto Fabio.

Ora entrambi lavoravano, anche se su progetti diversi, nella stessa company a Dubai dove vivevano al quarantatreesimo piano del Millenium Tower. Con i suoi 285 metri di altezza, pur non essendo tra gli edifici più alti di questa opulenta città, era sicuramente una residenza di pregio per una giovane coppia. L'appartamento di Jasmine e Fabio non era enorme ma con un'arredamento ultramoderno ed offriva una vista incredibile che arrivava fino alla costa. Così sparsi per il mondo, Cesare e Jolanda, avevano solo un paio di occasioni all'anno, per incontrare i figli ma, per fortuna, settimanalmente in video chat sul mega schermo che Cesare aveva acquistato, era possibile fare quattro chiacchiere insieme come se fossero tutti nel salotto di casa. Entrambi, erano molto orgogliosi dei loro due figli non solo perché si stavano realizzando, ma soprattutto perché erano cittadini del mondo, capaci di muoversi con successo e senza paura nei vari contesti, segno che l'educazione e la visione che avevano condiviso stava guidando le loro vite.

Si, erano lontani, soprattutto per la mamma Jolanda, ma la soddisfazione di vedere la crescita di quello che avevano generato compensava la lontananza. D'altro canto, anche questa è la vita. Cesare e Jolanda, come quando erano giovani, ora erano l'uno per l'altra e l'occasione della colazione mattutina, era veramente il loro momento, il loro rito. Di origini spagnole, Jolanda, nonostante il passare degli anni era di una bellezza strepitosa. Ex modella, ora giornalista, dedicava sempre, una parte della giornata, alla cura del suo corpo con allenamenti sempre intensi ma mirati che ancora le permettevano di competere con le ventenni. Immancabilmente, quando Cesare aveva finito di preparare la colazione, Jolanda scendeva le scale. Era il momento in cui Cesare la vedeva bellissima! Struccata, assonnata e sorridente, Cesare si sentiva raggiante e capiva quanto era ancora innamorato di quella donna!

Come tutte le mattine Jolanda disse:

"Buongiorno Amore!"

E Cesare, come tutte le mattine chiese:

"Ma lo dici a me o al cane?" Entrambi come sempre scoppiavano a ridere.

Erano insieme da 30 anni e si erano conosciuti un paio di anni prima in Spagna, quando Cesare trentacinquenne era a Madrid per lo sviluppo di un'importante progetto. Durante un week end a Valencia, i suoi colleghi spagnoli gli avevano presentato quella meravigliosa creatura, figlia del CEO della società che aveva commissionato il progetto. Jolanda, poco più che ventenne, viveva fuori Madrid con il padre in quanto la madre italiana, era tornata in Toscana dove aveva trovato un altro compagno. Chiaramente parlava un'italiano quasi perfetto, mentre lo spagnolo di Cesare era abbastanza ridicolo. Da subito ci fu feeling anche per tante cose che avevano in comune, come l'interesse per la cultura e filosofia orientale, lo sport in generale e la vita lontano dalle città. Da quell'incontro le emozioni di Cesare erano andate in crescendo e più passava il tempo, più tali emozioni diventavano contrastanti. Da un lato capiva, ogni giorno di più, che tra lui e Jolanda stava nascendo un qualche cosa di speciale, ma di contro, per la sua educazione, sentiva la differenza d'età come un grande vincolo. Jolanda era iscritta all'università e sognava di fare la giornalista, mentre lui era già un manager in carriera. Preoccupazioni che alla luce della meravigliosa vita che avevano vissuto ed ancora stavano vivendo, erano state senza senso.

Generalmente Cesare arrivava in azienda tra le otto e quindici e le otto e trenta e questo dipendeva dal traffico presente sulla bretella che collegava Como a Milano. La casa della famiglia Perego infatti, era poco fuori Como, una palazzina sulla collina con la vista sul lago che, in ogni stagione, offriva agli occhi motivi per rallegrarsi. Cesare era il direttore generale di Hesperia Spa, una delle company del gruppo Furoni International spa, la Holding a cui facevano riferimento oltre 200 aziende sparse nei quattro continenti, in almeno 30 tipologie di business differenti, che andavano dal settore farmaceutico, a quello elettronico, alimentare immobiliare ed energetico sia in ambito produttivo che commerciale.

Oltre alla sede di Londra, l'Health Quarter del gruppo Furoni, era ubicato nella zona Nord Ovest di Milano, nei pressi dell'ospedale Niguarda, una zona non particolarmente accattivante, ma comoda da raggiungere sia dalla stazione ferroviaria che dalle principali arterie milanesi. Cesare lavorava in Furoni International da poco più di trent'anni, ricoprendo, nel tempo, incarichi diversi in molti dei settori sviluppati dal gruppo. Un gruppo che, quando lui era entrato a farne parte, di fatto, era una media realtà italiana operante su cinque business e con diramazioni nei quattro principali paesi europei.

Negli ultimi quarant'anni, il Gruppo Furoni aveva fatto una crescita veramente incredibile ed indubbiamente, Cesare, era stato uno degli artefici di questa fenomenale crescita. Ora era il direttore Generale di Hesperia e quindi delle attività farmaceutiche del gruppo nel mondo, attività che si sviluppavano, in Europa Stati Uniti, Sud America e Cina, con un volume d'affari di circa un miliardo di dollari, pari ad un quarto del fatturato globale del gruppo Furoni. Il ruolo Cesare se lo era conquistato sul campo, creando con coraggio le opportunità di sviluppo nei vari settori di cui si era occupato alle quali la Holding aveva dato, con soddisfazione, fiducia.

Dentro e fuori dall'azienda, Cesare, godeva di una credibilità indiscussa per l'etica e la serietà che tutti gli riconoscevano, per il fatto che era sempre pronto a mettere, con competenza, la faccia in tutto quello che faceva, per la capacità di guardare lontano. Da suo padre Claudio, morto quando Lui era ancora all'università, Cesare aveva imparato e fatti suoi, il fastidio verso l'arroganza e la prepotenza, ed aveva anche preso coscienza di come l'invidia è sempre presente in ogni ambito e quasi sempre, determina comportamenti scorretti e confusione, condizionando il successo delle aziende e dei singoli. La Furoni International, nella quale Cesare era uno dei Top manager, da anni era quotata alla borsa di Milano, ma il controllo della Holding era in mano ad un ceppo famigliare, la famiglia Furoni appunto, anche se, dopo cinque generazioni imprenditoriali, nel CDA la famiglia era presente in maniera molto frammentata e, con molti cognomi. In particolare, anche se di minoranza, una buona percentuale del pacchetto azionario della Holding, era in mano ad un'altra famiglia, la famiglia Astolfi che, se pur non direttamente presente nelle attività operative delle società del gruppo, di fatto, nel CDA, incideva pesantemente sulle scelte soprattutto attraverso due fratelli, Fabrizio e Vincenzo.

Entrambi laureati in economia, mostravano caratteristiche completamente diverse. Fabrizio, più attento agli aspetti finanziari del gruppo, era un'attento analista di come lo sviluppo dei business incidevano sugli indici finanziari. Non si mescolava in generale con l'organizzazione dipendente dai top manager, ma ogni volta che veniva in contatto con i manager dell'organizzazione, cercava, senza riuscirci troppo, di fare il simpatico con battute o altro, senza però mai ridurre la distanza sociale che riteneva di avere in quanto importante azionista del gruppo. Vincenzo Astolfi, forse meno illuminato intellettualmente o per lo meno, per carattere, meno interessato agli aspetti finanziari, era attratto dalle relazioni umane. Era curioso, disponibile, faceva di tutto per sembrare ingenuo e quindi facilitare la comunicazione, si dedicava a visitare tutte le company dei vari paesi per incontrare le varie organizzazioni presenti nel mondo. Al contrario del fratello Fabrizio, si incontrava apertamente con tutti i dipendenti che facevano parte degli organigrammi delle aziende del gruppo, indipendentemente dal ruolo e dal paese.

Faceva un grande sforzo per comprendere i contesti e le logiche dei comportamenti degli individui e gli eventuali bisogni. Due caratteri diversi ma complementari, fra loro, la cui presenza, fondamentale nell'equilibrio generale del gruppo, era in grado di poter mettere in discussione e modificare le scelte, non sempre illuminate del presidente Riccardo Furoni constantemente convinto della sua grande visione e strategia.

"Il segreto per vivere una vita di eccellenza è una mera questione di fare pensieri di eccellenza"

Charles Swindoll

L'UOMO ED IL MANAGER

Il manager, soprattutto in una grande azienda, è sottoposto a costanti pressioni, a situazioni stressanti, contesti nei quali è necessario, quotidianamente ed in ogni momento, prendere decisioni più o meno importanti. Era questo, il terreno favorevole di Cesare, un terreno nel quale la lucidità e la razionalità che possedeva, gli permettevano di gestire positivamente ogni situazione oggettiva o soggettiva con le quali, quotidianamente, veniva in contatto. Cesare non pensava di essere un "guru" nell'ambito delle organizzazioni aziendali, ma dopo aver lavorato per quasi quarant'anni nel mondo industriale, dopo aver gestito business estremamente differenti in quattro continenti, dopo aver preso parte per oltre vent'anni alle attività negli ambiti istituzionali, conoscendo imprenditori e manager di ogni tipo, in diversi contesti industriali, riteneva di avere maturato una buona esperienza sulle dinamiche che si articolano all'interno delle aziende, e su chi le guida.

Sapeva che, dietro ad ogni problema, ci sono sempre delle persone, uomini o donne. Poteva contare su una buona capacità nel capire le persone, e in base alle caratteristiche delle stesse, sapeva gestire le situazioni, muovendosi nella giungla aziendale con cognizione di causa, anticipando o difendendosi dalle azioni degli animali che vivevano nella parte alta o in quella bassa di questa giungla.

Fare il manager, o voler fare il manager, non è cosa semplice. Bisogna mettere in campo una serie di qualità, intrinseche nel nostro modo di essere, o che è necessario aggiungere con la formazione. Il manager deve essere più razionale che visionario, anche se la visione a lungo termine o la capacità di circondarsi di figure visionarie è fondamentale. Il manager deve far tornare i conti, nel breve e nel lungo periodo e per questo, deve avvalersi di figure capaci ed in grado di compensare le personali eventuali lacune.

Il manager deve essere competente sui fondamentali, capace di entrare nei dettagli senza soffermarsi su questi. Deve essere un motivatore con leadership, un po' prete un po' aguzzino ma sempre credibile e sicuro. Il manager è colui che pensa, immagina, costruisce e tramite la sua organizzazione porta a termine. Il manager trascina, convince e motiva la sua organizzazione e quelli che governano l'azienda.

Evidentemente, le aziende non sono tutte uguali! Le dimensioni, sicuramente le caratterizzano, ma nel tempo, Cesare aveva capito che ogni azienda, ha quasi un'anima, uno spirito, che la contraddistingue dalle altre e la caratterizza sia nei confronti dell'esterno che dell'interno.

Anche le aziende, come ogni contesto nel quale viviamo e ci muoviamo, sono caratterizzate dalle persone e da come queste si muovono nei vari ambiti dentro e fuori dall'azienda all'interno dei vari momenti storici.

Aveva visto talenti bruciarsi in pochissimo tempo.

Aveva visto figure mediocri restare tali e vivere, quasi sempre infelici nel sottobosco organizzativo.

Aveva visto altresì figure mediocri, riuscire a scalare gli organigrammi ed arrivare a ruoli per i quali non erano tagliati.

Aveva capito che nel mondo aziendale non esistono i fenomeni.

Cesare aveva incontrato persone capaci, professionalmente competenti, ma decisamente non credeva di avere mai incontrato fenomeni dal punto di vista manageriale o imprenditoriale!

Aveva però incontrato figure di alto profilo, aveva incontrato figure che avevano visione ed erano capaci di guardare lontano, dove però, solo quelle che hanno avuto la fortuna di essere al posto giusto al momento giusto, hanno avuto l'opportunità di raggiungere posizioni rilevanti.

Visione e strategia, pianificazione continua degli obiettivi nel tempo e capacità di relazione, secondo Cesare erano le componenti fondamentali per muoversi in maniera vincente all'interno delle aziende (e non solo!) indipendentemente dal tipo di azienda e dalla dimensione. Insomma, dal suo punto di vista, creare sempre i presupposti ed i contesti per essere la persona giusta quando sarà il momento giusto, era la cosa a cui prestare sempre una grande attenzione.

Strategia, pianificazione ed obiettivi erano i tre riferimenti a cui Cesare, per tutta l'attività professionale ma forse per la sua vita, si era sempre riferito. L'ordine, necessariamente, non era sempre uguale, tuttavia, come è fondamentale avere chiara la strategia di cosa si vuole fare, la strategia di dove si svuole andare, è altrettanto vero che, per una corretta strategia servono obiettivi precisi, traguardi da raggiungere. Sotto questo aspetto, il suo primo Kapo gli aveva fatto capire come l'obiettivo, non può e non deve essere generico, ma deve essere concreto e misurabile, per non essere solo "aria fritta", come spesso diceva. Solo così, la strategia, che spesso si può perdere nel cosiddetto "libro dei sogni", può trovare concretezza, creare la base per fare una giusta pianificazione e portare ad azioni concrete e misurabili. Cesare aveva costruito la sua vita, privata e professionale, inseguendo sempre nuovi obiettivi, mano a mano che raggiungeva quello precedente, identificando sempre nuove strategie, soprattutto nell'ambito professionale, per cercare di raggiungere gli obiettivi più alti che si poteva porre, consapevole di essere con competenze, assolutamente normali.

"Credo che, la capacità di pianificare, di costruire e perseguire le giuste strategie, siano state le armi che mi hanno permesso, da un lato di raggiungere i vertici aziendali, ma anche di ottenere una notevole credibilità nell'ambito dei business di riferimento nei quali ho operato, ma in generale, nei

*confronti di chi mi ha incontrato……", aveva detto in una recente intervista a LM (Leaderschip & Management),.

"…Il saper ascoltare e la capacità di mettersi in discussione, sono stati elementi caratterizzanti della mia vita, ma mi ha dato anche soddisfazione far mie, buona parte delle riflessioni e dei pensieri intelligenti che ho avuto la fortuna di raccogliere, come, ad esempio, quella che ha detto un mio trainer in ambito manageriale, oltre trent'anni fa".*

Infatti il trainer durante un corso gli aveva detto: "*caro Cesare, quanti collaboratori hai?*" dopo una breve riflessione Cesare aveva risposto: "*beh tra diretti ed indiretti direi una quarantina di persone, magari qualcuna di più*". "*Errato*" gli disse Lui"*… tu hai sessantamilioni di collaboratori, o forse più! Ogni persona con la quale vieni in contatto può diventare colui che ti aiuterà o può diventare un promotore della tua immagine, del tuo valore e del tuo successo! Tutto dipende da come tu saprai costruire la tua immagine e valorizzare le tue potenzialità".*

Effettivamente nel tempo, aveva potuto riscontrare che quello che seminiamo di noi stessi, nel tempo, ci ritorna e ci aiuta o ci penalizza.

Ad un giornalista del Sole 24 ore, che gli aveva chiesto quali, a suo parere erano le qualità di un leader, aveva sottolineato che: *"Le mie esperienze, mi hanno portato a capire che ci sono almeno due qualità che creano la differenza negli uomini (o nelle donne) e li fanno diventare di successo, leader.*

La prima è la capacità di autocritica, la capacità di riconoscere i propri limiti , esserne consapevole ed essere capace di attivarsi per sanarli per quanto possibile e comunque, conviverci. Trasmettere un'immagine di se falsata, cosa oggi molto di moda con i social, è un grande errore, perché determina l'incapacità di attivarsi per aggiungere competenza e valore alla nostra persona. Mio padre diceva che, durante la giornata, possiamo raccontare quello che vogliamo di noi , possiamo fingerci chi vogliamo, ma al mattino, quando ci guardiamo allo specchio per farci la barba o truccarci, siamo solo noi, con la nostra immagine e sappiamo realmente chi siamo. In quel momento non esistono bugie o falsità!

La seconda qualità, altrettanto importante, è avere chiaro chi si vuole essere, sapere dove si vuole andare, avere costantemente i pensieri mirati al nostro progetto".

Essere se stessi e dedicare il tempo a valorizzare chi siamo realmente senza trucchi, è fondamentale.

Cesare era convinto che, come dice *Larry Winget* nel suo libro *"Stà zitto, smettila di lamentarti e datti una mossa"*, accontentarsi di quello che si è, o peggio, lamentarsi senza fare nulla per modificare il nostro contesto, è il modo migliore per allontanarci dalla nostra crescita.

In tutti i corsi di motivazione si riporta come gli orientali rappresentino come ogni rischio/problema sia anche un'opportunità. Saper affrontare i problemi, che comunque tali sono e tali restano, con lucidità e pragmatismo, diventa la chiave del successo che solo a questo punto può trasformare il problema nell'opportunità di cambiamento. La capacità di essere positivi e di essere motivati, sono solo strumenti per focalizzare le nostre azioni ed i nostri pensieri, costantemente finalizzati a portare avanti con determinazione, il nostro percorso.

Prima di tutto, però, bisogna essere in grado di affrontare i problemi, soprattutto se si vuole fare il manager.

Nella vita di chiunque, ci sono momenti nei quali è necessario affrontare situazioni complesse ed impreviste che, se non gestite con lucidità e chiarezza, possono portare a cambiamenti drammatici, non solo per noi stessi, ma anche per chi ci circonda.

Anche per Cesare, i fatti pesanti che avevano toccato alcuni momenti della sua vita, non lo avevano lasciato indifferente. Come chiunque in contesti difficili, aveva vacillato, ma si era sempre attivato per reagire, per trovare le soluzioni e per riportare il tutto sul binario della visione di dove voleva andare e soprattutto, di *chi voleva essere.*

Spesso si chiedeva " *Ci sono riuscito?* ". Poi arrivava alla considerazione che, almeno in parte era abbastanza certo di aver sfruttato al massimo le sue potenzialità, di aver raggiunto un discreto successo professionale, ma complessivamente, anche nella vita, soprattutto considerando che sapeva, di non essere con un'intelligenza fuori dalla norma.

"Ho fatto errori? Certamente ne ho fatti una marea come tutti, soprattutto nel primo quarto della mia vita e non solo dal punto di vista professionale, ma l'importante è averne consapevolezza, averli individuati e gestiti", aveva sottolineato al giornalista del Sole 24 ore alla fine dell'intervista.

"Non mancano le opportunità per guadagnarsi da vivere, facendo quello che si ama. Manca solo la risoluzione di farlo accadere"

Dr. Wayne Dyer

FAR ACCADERE LE COSE

Le caratteristiche di Cesare e le sue esperienze, poco alla volta, lo avevano portato a diventare un discreto stratega, una qualità che, forse, si era accresciuta anche grazie allo studio della filosofia orientale e la pratica delle arti marziali.

Cesare sapeva molto bene che, come in ambito sportivo, il risultato di una squadra non porta mai il merito del singolo, il ruolo del manager è quello di costruire le logiche ed i percorsi per "far succedere le cose", per far si che, il disegno immaginato, poco alla volta coinvolga e magari, per singoli pezzi, sia sposato da tutte le linee ed i livelli gerarchici aziendali.

L'abilità di Cesare era proprio questa. Una volta immaginato e costruito il percorso e l'obiettivo da raggiungere, Cesare aveva la capacità di portare avanti, in maniera precisa e organizzata, i singoli tasselli, tanti pezzetti di condivisione che facevano parte del puzzle che rappresentava il suo disegno, coinvolgendo, con diverse modalità, collaboratori e capi. Un percorso in grado di creare l'ecosistema nel quale il progetto, poco alla volta, prendeva forma, ed inconsapevolmente, tutti in azienda, ne diventavano attori protagonisti. Cesare non era certamente un cuoco o uno chef, ma immaginava il "far succedere le cose", far decollare un progetto che aveva pensato, un po' come creare un piatto sopraffino.

Gli ingredienti erano tutti là, disponibili a tutti, magari senza sapore, ma solo lui era in grado di aggregarli, nella quantità e nel momento giusto per realizzare un piatto unico. Far succedere le cose, non è per nulla semplice, perché richiede chiarezza di visione, logica di attuazione e capacità di immaginare i sotto insieme che vanno a definire, il piano, il progetto, ma è altrettanto importante avere chiaro il contesto ambientale, le caratteristiche della giungla nella quale ci si muove, le caratteristiche degli animali che la popolano.

Compito del manager è "far succedere le cose", ma forse questo non è sempre chiaro alla maggior parte dei manager che, molto spesso, si dedicano solo a gestire le singole situazioni o i singoli contesti, al limite disegnando uno o più progetti di medio o breve termine, senza però prestare troppa attenzione a costruire il percorso di collaborazione che genererà il successo. Il manager che si concentra troppo sul suo personale risultato difficilmente farà "succedere le cose"

IL MANAGER E L'ARTE MARZIALE

L'essere leader, in parte nasce dalle nostre qualità intrinseche, ma certamente, anche dalla formazione e dalle esperienze. Esperienze che hanno un peso specifico importante per razionalizzare un pragmatico ed efficace approccio da leader. In tale contesto, Cesare era convinto, anche da quello che aveva personalmente vissuto come praticante, atleta e maestro, che la pratica delle arti marziali orientali, era in grado di dare un contributo veramente apprezzabile alla crescita dell'individuo anche in campo manageriale.

Gli orientali hanno un modo di ragionare e di interpretare la vita abbastanza diverso dagli occidentali, a partire dal peso e ruolo che attribuiscono al passato al presente ed al futuro dove, il passato è il contenitore delle tradizioni mentre, il futuro, è la prosecuzione del presente.

La storia millenaria e questo approccio alla vita, incuriosivano Cesare come lo incuriosivano i maestri ed i personaggi orientali che aveva incontrato nella pratica delle arti marziali e dai quali, aveva cercato di carpire qualche punto di vista e far suo qualche pezzetto del loro modo di pensare, per completare la sua apertura mentale. In particolare, la logica della strategia, che è la base del modo di pensare degli orientali, era la cosa che maggiormente aveva fatto sua. Una strategia che gli orientali adottano in maniera maniacale anche nel mondo degli affari, costruendo scenari e contesti capaci di guidare e condizionare le risposte umane. Naturalmente per arti marziali, Cesare si riferiva esclusivamente a quelle arti da combattimento e non, provenienti dal mondo orientale e quindi collegate in qualche maniera allo spirito ed alla filosofia degli orientali. In tale contesto, Cesare non considerava gli sport da combattimento puro o da autodifesa che non fossero collegabili in maniera indissolubile, soprattutto, allo spirito ed alla filosofia del "Budo"(*).

A Cesare piaceva quindi ragionare e vivere nella cosiddetta marzialità, considerando che un'arte marziale, vissuta come "Via", non si nutre solo di forza, tecnica e abilità, ma anche di valori come la modestia, la pazienza, il coraggio, la determinazione, l'autodisciplina, l'altruismo e l'equanimità.

Lo spirito della vera tradizione marziale è quello che alimenta, nel corpo e nell'anima, il guerriero che c'è in ognuno di noi, non importa quanto si diventi bravi o forti. Quello che conta è che, attraverso la "Via", ognuno possa diventare - innanzi tutto come persona – giorno per giorno una "migliore versione di se". Cesare era certo che, la pratica delle arti marziali e la sua personale esperienza in tale ambito, fosse responsabile, nel bene e nel male, di buona parte di quello era diventato come manager e come uomo.

(*) Il **budō** *(武道) è la via marziale giapponese.*

Il termine è composto dagli ideogrammi Kanji **bu** *(武) e dō (道), che si possono tradurre come "Via marziale", "Via della guerra", oppure "Via che conduce alla pace", "Via che conduce alla cessazione della guerra attraverso il disarmo".*

«Le arti marziali giapponesi sono state tramandate fino ad oggi mantenendo inalterata la loro caratteristica principale, che risiede

nel fine ultimo di far progredire lo spirito, attraverso il rafforzamento fisico del corpo e l'apprendimento della tecnica.

Di conseguenza, l'approccio con l'avversario deve essere dettato non da ostilità, ma piuttosto da un senso di rispetto e di gratitudine: a conclusione di un combattimento in cui ognuno ha dato prova delle proprie capacità senza risparmiarsi, nasce spontaneo il desiderio di un ringraziamento che riconosca all'avversario tutto il suo valore.

Ecco dunque che, infine, si può aspirare alla costruzione di una società pacifica in cui valorizzare se stessi e gli altri.[2]»

(Masajūrō Shiokawa, Presidente della Fondazione Nippon Budōkan, 2005)

LA STRATEGIA DEL NINJA

Gli orientali, ed i giapponesi in particolare (ma oggi non solo loro), usano gli stessi approcci legati alle strategie del combattimento (kumitè), anche dal punto di vista manageriale nelle trattive del mondo degli affari, dove in funzione dell'interlocutore viene usata la strategia più congrua.

Ad esempio, la strategia del **"SEN"** - *attaccare per primi* -, nel Kumitè è una strategia molto rischiosa che richiede grande esperienza e capacità, perché espone al grande rischio di scoprire la guardia e quindi non essere in grado di difendere l'attacco, soprattutto se non si conoscono bene le caratteristiche dell'avversario. Nel business è una strategia spesso usata e può essere vincente, a patto che si sia studiato bene l'interlocutore prima del meeting e si abbiano in mano ottimi argomenti.

La strategia del *"SEN NO SEN"* – *muoversi mentre l'avversario attacca -*, nel combattimento è una strategia molto usata in quanto l'iniziativa è lasciata all'avversario e sulla sua tecnica, si costruisce una tecnica alternativa in contemporanea. In pratica l'avversario mentalmente si sente forte perché capisce che può prendere un'iniziativa vincente, mentre di fatto, dovendo attaccare, si deve scoprire creando lo spazio per la tecnica vincente dell'altra parte abilmente preparata. Nel business è abbastanza comune usare questo tipo di strategia, cosa che chiaramente implica di essere sempre pronti e concentrati ed aver predisposto tranelli adeguati a scoprire le carte di chi ci stà di fronte.

Nel combattimento soprattutto nelle fasi iniziali, si usa la strategia del *GO NO SEN* – *difendere e contrattaccare -*, ovvero attendere la tecnica di attacco dell'avversario senza scoprirsi, difenderla e portare il contrattacco vincente. Nel business questa strategia è probabilmente quella più difficile da utilizzare in quanto necessità di una grande capacità teatrale, che obbliga a chi ci stà di fronte di esporsi sottovalutando le nostre carte. Come nel combattimento è possibile che vengano usate più strategie in funzione dell'evoluzione dell'incontro, anche nelle trattative del business è possibile modificare o utilizzare strategie diverse in funzione dell'evoluzione del contesto.

Quando il livello dei combattenti è molto diverso ed uno dei due è decisamente più preparato dell'altro, nel Kumitè si assiste alla strategia del *"SEN SEN NO SEN" – anticipo il suo attacco -.* Di fatto, il più preparato è in grado di immaginare la tecnica e la strategia dell'avversario, quasi leggergli nel pensiero e portare per primo la tecnica vincente. Analogamente nelle trattive del business la preparazione ci può permettere di leggere i segnali del corpo, interpretare i messaggi comunicativi e quindi entrare quasi nel pensiero dell'interlocutore con la possibilità di guidare in maniera vincente la trattiva anticipando le mosse. La tecnica del "mirroring", ad esempio, è un'ottimo strumento per gestire la trattiva con questa strategia. Come nel combattimento la preparazione e la concentrazione sono fondamentali per portare le tecniche necessarie alla vittoria, i giapponesi ci insegnano che anche nelle trattive d'affari, per raggiungere gli obiettivi prefissati, è necessario adattare le strategie al contesto mantenendo l'attenzione sempre molto elevata e con una preparazione di alto livello.

Come nel combattimento, anche nelle trattative del business, la strategia vincente va costruita con abilità prima dell'attacco, costruendo finte o tranelli, in grado di rompere la concentrazione dell'altro, di cambiargli le carte in tavola rispetto a quello che si sarebbe aspettato. Questo aspetto, che Cesare amava chiamare la strategia del Ninja (**), nell'ambito del business era estremamente efficace. Infatti, in molte occasioni aveva assistito a come creare azioni di scombinamento delle carte, anche con alterazione immotivata della discussione, aveva portato ad esito favorevole della trattativa.

La storia giapponese mostra come il Ninja fosse estremamente abile a nascondersi, a mimetizzarsi, estremamente abile a scomparire improvvisamente, nei contesti in cui l'avversario fosse superiore per numero o abilità. Aveva visto che, in una trattativa importante, spostare l'attenzione sugli aspetti che meno ci interessano, anche con teatrale discussione, permette di chiudere con maggiore semplicità gli aspetti per noi più importanti. La trattativa più eccitante della sua carriera l'aveva condotta proprio usando la strategia del Ninja.

A quell'epoca, da pochi anni nel mondo del lavoro, si occupava di grandi impianti industriali e stava seguendo un'importante progetto innovativo in Spagna per conto di Tecnicas Reunidas SA, Engineering Spa, ed ENI SpA , dalla quale , come giovane ingegnere, era stato assunto con ruolo di responsabile commerciale area impianti nel mercato ovest Europa in particolare Spagna e Portogallo. Il contratto, che aveva come cliente il gruppo industriale spagnolo Entrecanales (oggi multinazionale Acciona) riguardava la fornitura di un'impianto ipertecnologico nell'ambito della potabilizzazione e desalinizzazione delle acque con un valore di venti milioni di dollari.

La trattativa era molto complessa, sia per l'entità della fornitura, ma anche per il valore della stessa e dei servizi connessi, in termini economici e di immagine vista l'innovativa progettualità e perché l'acquisitore di Entrecanales era veramente abile. Manuel Sancez, un simpatico spagnolo di 55 anni, abbondantemente in sovrappeso ed accanito fumatore di sigari, godeva della totale fiducia di Josè Maria Entrecanales con il quale lavorava fianco a fianco da trent'anni e veramente sapeva il fatto suo. La trattativa era alle fasi finali e dopo 12 ore ininterrotte di riunione la situazione era in fase di stallo. Cesare a quel punto aveva chiesto al Direttore Commerciale di ENI di avere carta bianca per provare a chiudere la trattiva.

Pur essendo molto giovane, avendo compreso che il progetto era più apprezzato rispetto a quello della concorrenza, meno costoso ma meno innovativo, aveva anche capito che per Entrecanales, il prezzo era l'aspetto fondamentale. Cesare decise quindi, di non discutere più sul prezzo ed aprì la discussione su termini di pagamento, tempi di consegna, accessori e servizi connessi, i punti che Sancez dava per scontati e gestibili a suo favore in seconda battuta.

Si aprì una lunghissima discussione, molto accesa, sui termini pagamento e subito dopo sui tempi di consegna che per Entrecanales erano, per motivi politici, necessariamente, molto stretti. Cesare propose tempi di consegna molto più lunghi rispetto a quanto chiedeva Sancez, anche se sapeva che, su questo aspetto, buona parte dell'impianto era subito disponibile.

Dopo tre ore di discussione, dove Cesare aveva introdotto anche il tema dei termini di pagamento e degli anticipi, proponendo valori molto stringenti e difficili da accettare per Sancez, ma per la cordata delle tre società, non esageratamente importanti. Sancez ed il suo team, stavano perdendo la pazienza, ed il capo di Cesare era molto preoccupato.

In quel momento Cesare passò ad analizzare il valore dei servizi connessi alla fornitura ed il relativo valore aggiunto, costruendo un momento estremamente favorevole e positivo. Con un "coup de theatre" che sorprese anche il suo Direttore Commerciale, Cesare decise improvvisamente di interrompere la trattativa, dimostrandosi offeso per come Sancez aveva banalizzato e minimizzato il valore di questi servizi e di fatto anche il progetto.

Fu un qualche cosa di molto azzardato ma che obbligò Sancez a chiedere di rivedersi il giorno seguente con animi più calmi, evidentemente, come Cesare aveva sperato, sentendosi responsabile della reazione di Cesare, reazione che invece era stata studiata ad arte.

Il giorno successivo, in un'ora, il contratto venne siglato, con i tempi di consegna, gli acconti ed i termini di pagamento che Sancez aveva chiesto, mentre la trattativa sul prezzo venne conclusa in 10 minuti con uno sconto, che Cesare aveva già concordato con il suo superiore, di cinque punti percentuali sul preventivo.

Una trattiva che fu un successo anche in termini di immagine per la cordata. Josè Maria Entrecanales dopo qualche settimana, dopo aver ricevuto nel dettaglio la relazione dello svolgimento della trattativa nel suo complesso, contattò Cesare per chiedergli di lavorare per il suo gruppo, cosa che Cesare non accettò nonostante le pressioni che Entrecanales, conoscendo la simpatia che stava nascendo tra Cesare e Jolanda, aveva fatto con suo padre, che conosceva da tempo e con il quale aveva fatto diversi affari in Spagna.

La strategia del Ninja che Cesare usò anche in molti altri contesti di business (e non) fu di fatto il trampolino di lancio per il suo successo professionale.

- *Sen :* 先

- *Go no Sen :* 後の先

- *Sen no Sen :* 先の先

(**) I **Ninja** *furono guerrieri attivi tra il '400 e il '500, quando in Giappone si combattevano continuamente guerre tra i signori feudali. Il compito dei ninja era effettuare operazioni speciali, come lo spionaggio, i sabotaggi e gli omicidi. I ninja, inoltre, erano specialisti del travestimento e sapevano usare un gran numero di armi, tra le quali i celebri shuriken, cioè le stelle con punte affilate da scagliare contro i nemici. I ninja erano incaricati di numerose operazioni. Una delle principali era lo spionaggio, nel quale erano particolarmente abili grazie alle loro capacità di travestimento. Per portare a termine il compito i ninja usavano tecniche diverse a seconda delle circostanze: si nascondevano per colpire a distanza con dardi o armi da fuoco; si travestivano per avvicinare e pugnalare le vittime; si servivano del veleno. Erano usati, inoltre, per il sabotaggio, in particolare per appiccare incendi ai castelli e ad altri edifici dei daimyo nemici. Uno dei casi più noti è quello del castello di Sawayama, situato nella città di Hikone: nel 1558 un gruppo di quarantotto ninja riuscì a penetrare nell'edificio, appartenente a un nemico del loro signore, e a dargli fuoco.*

L'ECOSISTEMA AZIENDALE

"Per guidare gli altri, cammina alle loro spalle."

Lao Tse

<u>GLI EQUILIBRI</u>

Come tutti i contesti sociali e le aggregazioni umane, l'azienda è un'ecosistema basato su specifici equilibri che coinvolgono aspetti razionali e irrazionali, logiche e istinti o emotività. Ogni azienda ha un'anima, un carattere. Un carattere che si costruisce nel tempo che fa si che, ogni azienda, sia diversa da qualsiasi altra. Analizzando i macro-aspetti, salta all'occhio il fatto che, ci sono elementi caratterizzanti, con pregi e difetti specifici di tre tipologie di aziende.

La prima è l'azienda manageriale. L'azienda manageriale, in buona parte, contraddistingue le società multinazionali. E' generalmente fredda, razionale, asettica e si misura solo su elementi oggettivi come il margine e la crescita del fatturato, prevalentemente su obiettivi a breve termine. La risorsa umana è importante, ma non fondamentale in quanto, è la struttura organizzativa l'ossatura che garantisce nel tempo il risultato.

La seconda è l'azienda padronale dove, di prassi, è l'imprenditore stesso che ricopre i ruoli di vertice, ed è il diretto gestore delle decisioni. A seconda delle caratteristiche dell'imprenditore, l'azienda padronale è tendenzialmente con un carattere visionario, capace di guardare al futuro e con obiettivi a lungo termine.

L'imprenditore, per sua natura investe il proprio denaro e difficilmente si trova a guardare al breve, perché, teoricamente, è abile nel vedere le potenzialità che si estrinsecano nel lungo termine. La gestione delle risorse umane, in generale, non è sempre razionale e di solito, il processo di delega è quasi sempre molto contenuto. L'imprenditore mantiene infatti sempre a se, le scelte strategiche e le decisioni importanti, anche nei contesti dove, si crea dei punti di riferimento interni. Riferimenti interni più o meno validi, la cui scelta è spesso condizionata più dall'emotività che dalla razionalità o competenza.

A differenza dell'impresa manageriale che è molto stabile e sicura in relazione agli effetti di agenti esterni imprevisti ed improvvisi, l'impresa imprenditoriale, soprattutto se baricentrica sull'imprenditore, è evidentemente maggiormente esposta rispetto ad accadimenti gravi ed imprevisti (es. morte o malattia dell'imprenditore) che potenzialmente, ne possono minare le evoluzioni future.

L'altro punto di debolezza dell'azienda padronale è la successione in quanto, da un lato l'imprenditore tende a mantenere il ruolo anche in età avanzata, non lasciando troppo spazio alla nuova generazione, dall'altro, spesso, sono proprio i figli che non desiderano assumersi l'onere di trasformarsi in imprenditori o addirittura non ne hanno le caratteristiche. La successione per l'impresa padronale è quindi un contesto di forte rischio che può addirittura portare alla fine di un'era e quindi dell'impresa per come è stata concepita.

La terza, è l'impresa con un modello misto, ovvero l'azienda che, vede presente e più o meno centrale l'imprenditore, anche se la gestione dell'azienda è affidata, con ampie deleghe, ad uno o più manager anche di alto livello.

L'impresa di tipo misto, dal punto di vista di clima aziendale, è probabilmente quella che genera maggiore soddisfazione al dipendente, in quanto, unisce la razionalità della gestione manageriale con l'attenzione alla risorsa, caratterizzata dal carisma dell'imprenditore. Pur non essendo esente da rischi, può sopportare meglio gli impatti degli imprevisti rispetto all'impresa governata dal solo imprenditore. A differenza dell'impresa esclusivamente manageriale, nell'impresa di tipo misto, sono i singoli individui, managers con la loro storia ed esperienza a costituire l'ossatura aziendale con i relativi benefici, ma, evidentemente anche con i relativi rischi.

Di conseguenza, in ogni azienda, con pesi diversi in funzione della tipologia, si genera un'ecosistema con degli equilibri interni generati dal modello organizzativo, dalla storia, ma anche e soprattutto, dal peso, dalla qualità e dalle caratteristiche, del o degli imprenditori e dei manager che ne fanno parte. Figure che contribuiscono alla costruzione dei percorsi decisionali, soprattutto facendo permeare nell'organizzazione lo stile, le decisioni e le strategie dell'impresa.

E' innegabile che, come, in tutti i contesti sociali che vedono l'aggregazione di persone, il potere, diventa uno degli elementi caratterizzanti anche del contesto aziendale. Da questo punto di vista la gerarchia, che, difficilmente può essere messa in discussione dal basso, perché stabilita dal vertice, è il primo strumento che indica la distribuzione della gestione del potere all'interno di un'azienda. Tuttavia, l'equilibrio all'interno dell'ecosistema aziendale è complesso.

Un'equilibrio sul quale intervengono diversi fattori, un'equilibrio che non può essere riferito esclusivamente alla sola gerarchia. Infatti, come scrive Stephen Covey, già il concetto di delega, strumento specifico della gestione del potere all'interno dell'ecosistema complesso di persone, crea a sua volta nuove sacche di potere, che spesso possono diventare indipendenti dalla gerarchia stessa.

Oltre a quanto definito dalla gerarchia e dal processo di delega, che da questa viene attivato, all'interno dei sistemi organizzati, si possono generare anche ulteriori spazi indipendenti dalla gerarchia, i cosiddetti poteri sommersi. Generalmente non strategici, ma comunque con un peso specifico definito, i poteri sommersi possono scaturire dalla storia personale di alcune figure, dai buchi del sistema, dall'anzianità degli organigrammi ed in tutti i casi, nell'ambito di un sistema organizzato, possono influire anche significativamente sui modelli gestionali.

I sistemi organizzati, riferibili alle persone, sono dei meccanismi ad incastro basati su specifici equilibri dove ogni tassello, ogni figura che lo compone, ha un peso importante, indipendentemente dalla posizione in cui si trova. Le persone, ognuna con il proprio bagaglio di esperienze, ognuna con la propria storia professionale ed aziendale, con le proprie caratteristiche umane, positive o negative, costituiscono gli organigrammi aziendali.

Individuare e soppesare la distribuzione del potere reale all'interno degli organigrammi e gli equilibri che si generano, permette di comprendere le eventuali influenze sulle decisioni e sulle strategie, all'interno della scala gerarchica. Il "far accadere le cose", compito del manager, necessariamente passa per la conoscenza approfondita dei flussi del potere e di come la gerarchia ne ha o non ne ha il controllo.

Tutto questo era molto chiaro a Cesare che, per garantire la continuità dei risultati e della filosofia aziendale anche quando lui, tra qualche anno, fosse uscito dall'azienda, maniacalmente e frequentemente riprogettava l'organizzazione aziendale, mirando ad un modello stabile e sostenibile nel tempo. Con i criteri visti in precedenza ed il contesto aziendale che via via si veniva a creare, valutava le pedine, i suoi collaboratori, modificando di conseguenza lo scenario ed il disegno. Mantenere gli equilibri e quindi affidare ai singoli i compiti più adatti senza generare, se possibile, sacche di potere non controllato o indipendente, mantenere la storia aziendale pur in un contesto di continua innovazione, era la strada che guidava le sue valutazioni e le considerazioni sui singoli che, inconsapevoli, erano sempre sotto esame sotto diversi punti di vista. La gestione ed il raggiungimento degli obiettivi, la gestione delle risorse, la capacità di costruire strategie non solo verso il business ma anche nei contesti organizzativi, erano i suoi parametri. L'abilità di trasferire le visioni aziendali condivise e la relazione proattiva con tutto il contesto organizzativo dell'azienda, dall'alto verso il basso e dal basso verso l'alto, erano gli elementi essenziali, secondo i quali, Cesare, cercava di mantenere sempre aggiornato lo scacchiere aziendale.

Come scrive Davide Caiazzo (*) nel suo recente libro "I segreti del Personal Brand", *"Le aziende perdono i collaboratori di talento perché hanno dei manager che non sanno dargli il valore che meritano"*, Cesare era convinto che reputare i collaboratori sostituibili era un grande errore, in grado di danneggiare l'intera società. *Il collaboratore di valore oltre a conoscere a fondo i processi ed i prodotti della propria società ha costruito rapporti di fiducia con colleghi e clienti,* *rapporti che richiedono anni per essere costruiti. Dietro ogni collaboratore di valore c'è un pezzo importante dell'azienda.*

"*I leader, i grandi leader, sono persone che hanno una capacità fenomenale di disegnare e ridisegnare relazioni di collaborazione creativa all'interno dei loro team.*"

Sergio Marchionne

(*) Davide Caiazzo, ha svolto per anni la professione di Avvocato d'Affari in vari studi internazionali per poi diventare a 29 anni uno dei più giovani Responsabile Affari Legali e Societari e a 31 anni il Responsabile dello stesso Gruppo a livello Europeo per l'implementazione del GDPR. E' Presidente della DC Academy e, inoltre, Amministratore Delegato di My Governance, società che ha fondato e che si occupa di digitalizzare i processi HR, legali e di compliance di multinazionali, che dal 2020 fa parte del più grosso gruppo Europeo in ambito software: Zucchetti S.p.A. Docente in prestigiose Università ha insegnato in master universitari e seminari in Italia, America, Cina e Spagna.

Indipendentemente dal tipo di azienda, è abbastanza semplice collegare la visione dell'ecosistema aziendale ad una giungla. La giungla è sicuramente un contesto affascinante da attraversare. Tuttavia, ci sono insidie e rischi che devono essere preventivamente conosciuti e valutati, per poter godere di tutto il fascino e l'opportunità che la natura selvaggia può offrire. La giungla è immaginabile come un'intricato agglomerato di piante, tra le quali si nascondono animali ed insetti più o meno grandi, più o meno pericolosi che è possibile incontrare nel passaggio. Le stesse piante non sono ininfluenti per la sopravvivenza nella giungla in quanto, le piante di cui è possibile nutrirsi, si confondono con quelle estremamente velenose.

La non conoscenza di questo affascinante ecosistema, mette a rischio la sopravvivenza di chi l'attraversa; è quindi fondamentale predisporre le dovute contromisure, le strategie necessarie a poter fare un viaggio, anche lungo, all'interno di questo contesto. L'azienda non è tanto diversa. Non presenta pericoli vitali ma sicuramente è rischiosa per la sopravvivenza professionale. Chiaramente, come ogni giungla è diversa da un'altra, anche le aziende offrono contesti e logiche diverse che è necessario conoscere per poter affrontare il viaggio "professionale" in tranquillità e con successo.

Nella giungla la conoscenza delle piante che possono limitare il passaggio e quelle di cui ci si può nutrire è la base, ma è la conoscenza della fauna che è fondamentale per evitare di soccombere a qualche insetto velenoso oppure di diventare parte della catena alimentare di animali feroci. Come per attraversare la giungla, bisogna attuare una strategia di sopravvivenza, altrettanto in azienda è necessario costruire una strategia di percorso che permetta di sopravvivere e crescere per arrivare alla meta che ci si è prefissati.

<u>LA FAUNA</u>

Il mondo aziendale presenta una notevole ricchezza di animali. Cesare doveva quotidianamente confrontarsi con gli animali che popolavano l'azienda che dirigeva, indipendentemente che questi fossero collaboratori o figure che parimenti a lui costituivano il top management del gruppo.

La fauna che popolava la giungla aziendale, era in grado di esprimere grandi potenzialità, presentava una varietà di animali che andava da quelli realmente pericolosi a quelli innocui, e comunque, quasi tutti, sempre utili. Non bisogna però farsi fuorviare dalla simpatia o dalla bellezza di un'animale, ma bensì dalle sue intrinseche caratteristiche e peculiarità. Cesare, vedeva l'elefante come l'animale che meglio lo rappresentava in quanto, solidità e robustezza erano le sue peculiarità. Non era aggressivo come poteva essere il manager tigre ma, come l'elefante nella giungla, era capace di far scappare la tigre. Cesare, infatti, era in grado di gestire qualsiasi situazione senza farsi intimorire.

Come l'elefante è capace di trasportare pesi importanti, Cesare era il pilastro non solo all'interno dell'azienda e del gruppo, ma anche all'esterno dove, indiscutibilmente, gli veniva riconosciuta una visione chiara e lungimirante. Come l'elefante con le sue zanne spinge i pesanti tronchi degli alberi, Cesare era capace di spingere la macchina aziendale ed era il punto di riferimento per le decisioni strategiche del vertice della holding, influenzando anche i mercati di riferimento nei quali operava.

L'elefante è sicuramente imponente, ma è anche indicato come uno degli animali della giungla più intelligenti e Cesare, era intelligente! Non aveva un'intelligenza fuori dalla norma, ma era intelligente, perché sapeva razionalmente quali erano le sue caratteristiche, i suoi punti di forza e quelli di debolezza, senza sopravalutarsi, sapeva sempre dove doveva stare e come muoversi. Nell'eco sistema aziendale, ogni animale è fondamentale per il suo funzionamento, ma l'equilibrio deve essere garantito dalla consapevolezza di ogni animale delle proprie caratteristiche e quindi del proprio ruolo.

Nella giungla sarebbe molto pericoloso, se una gazzella decidesse di esserne il re. Sarebbe subito uccisa da una tigre o dal leone. Oppure che un coccodrillo decidesse di uscire dalla palude per scorrazzare nella savana. Nonostante la sua possente mascella sarebbe facile preda per molti altri animali più agili. Analogamente alla giungla, in azienda, indipendentemente dalla gerarchia, l'organizzazione e l'insieme dei collaboratori che ne fanno parte costituisce l'ecosistema di equilibrio aziendale. Il Manager pavone, non può guidare l'azienda, come pure non lo può fare il manager maiale. Tuttavia, il manager pavone o il manager maiale, se consapevoli delle proprie caratteristiche, possono garantire i meccanismi per "far succedere le cose".

ANIMALI AZIENDALI

Su Internet è possibile trovare una curiosa classifica di "animal pedia" che pone al primo posto, tra gli animali più intelligenti, non il cane, che si trova al settimo posto dopo il polpo, ma il maiale. Nello zoo aziendale, Cesare aveva a che fare sicuramente almeno con un maiale. Le peculiarità del maiale, indipendentemente dalla classifica di "animal pedia", sono abbastanza note a tutti.

Il maiale mangia si ingrassa, rotola nel fango, fermo restando che però quando è allo stato brado sa organizzarsi e costruire una pseudo società nel branco. Il collaboratore che facilmente poteva essere rappresentato dal maiale era il suo dirigente Ciro Quattrini, ingegnere informatico, con una notevole cultura, estremamente intelligente e competente che all'interno dell'organizzazione, come il maiale in allevamento, più che rotolarsi nel fango e nutrirsi non faceva altro! Non particolarmente alto, fisico decisamente in sovrappeso, capelli biondi abbastanza lunghi per l'età, con poca voglia di lavorare e svogliato, faceva emergere la sua intelligenza in qualche singolo momento con intuizioni veramente interessanti, ma per il resto le sue caratteristiche manageriali, come ad esempio, la "guida di uomini", erano inesistenti, a parte una discreta capacità nella mediazione.

Ciro girovagava nei corridoi aziendali senza particolare entusiasmo ma sicuramente, anche lui, con arroganza, espressione dello sport più praticato dai giovani manager aziendali: la presunzione! Ciro, in due occasioni, era stato salvato dall'estromissione aziendale, cosa che probabilmente, in altri contesti sarebbe accaduta, ma di questo, appunto per presunzione, non se ne era mai accorto. Pur sforzandosi di utilizzare le risorse umane per le caratteristiche positive che sapevano esprimere, la collocazione di Ciro nell'organigramma aziendale cominciava a richiedere sforzi di creatività non indifferenti.

Per certi versi Ciro, in qualche occasione, aveva dimostrato visione, sia nell'ipotizzare progetti, che nel mostrare intuizioni; tuttavia, era la presunzione la sua peggior nemica. Ogni volta che presentava un progetto o un'idea, dava per scontato che fosse già ottimale, l'idea vincente e perfetta e non accettava quindi, considerazioni, critiche o punti di vista diversi tant'è che, nel momento in cui venivano mosse, pur in presenza di un contesto positivo, accantonava il progetto cessando di portarlo avanti.

La stessa cosa si presentava nel momento in cui, Cesare o la direzione delle risorse umane gli sottoponevano percorsi formativi evidenziando su quali punti, a parer loro, era opportuno intervenire per favorire la crescita professionale. La posizione di Ciro era sempre la stessa: una finta accondiscendenza per poi non fare nulla. Ciro era l'esempio lampante del manager tra i 45 ed i 50 anni che non accetta di mettersi in discussione e di fatto involve. Il manager maiale che si crogiola nel suo status.

Il Koala, non è tra gli animali più intelligenti sulla terra, anzi tendenzialmente è abbastanza amorfo; tuttavia, è universalmente riconosciuto come un'animale grazioso e dolce a cui bisogna prestare cure ed attenzione per evitarne l'estinzione.

Pochi invece sanno che il Koala sa essere estremamente aggressivo e molto pericoloso, in quanto dotato di unghie molto lunghe che, soprattutto la femmina, usa per difendere la prole. Sonia Cherubini, biologa trentenne, alta slanciata e decisamente carina, che da poco Cesare aveva inserito nel management aziendale, era esattamente un Koala femmina. Dolce e umile, quasi da sembrare indifesa, diventava pericolosissima nel momento in cui si mettevano in discussione i suoi collaboratori o addirittura quelli che erano i suoi riferimenti aziendali che lei riteneva, spesso a torto, sicuri.

Di questo ne aveva approfittato Francesco Modigliani, che la usava per le sue strategie consce o inconsce all'interno del contesto aziendale. Anche se l'educazione ed i contesti in cui si vive sono gli ambiti che caratterizzano le persone, è abbastanza diffuso considerare, l'accoglimento, la ricettività, l'altruismo, la tenerezza, l'empatia, la sensibilità, la delicatezza, la pazienza, la comprensione e la collaborazione come caratteristiche che contraddistinguono l'universo femminile.

Ma è soprattutto il prevalere dell'intelligenza emotiva rispetto a quella razionale che permette alle donne di essere un gradino sopra all'uomo, anche se di questo, molto spesso, non sono consapevoli, o forse il sistema fa in modo che non ne siano consapevoli. Cesare, che di suo, si faceva poco guidare dalla parte emotiva dell'intelligenza, lavorando quasi esclusivamente con la razionalità, era molto attratto da quanto l'intelligenza emotiva poteva esprimere e da questo punto di vista Sonia, era stata in grado di sorprenderlo in più occasioni. Questo perché Sonia era in grado di trasformare in cose concrete, quello che, l'intelligenza emotiva era in grado di immaginare.

La delega porta con sé il fatto che bisogna accettare che, quanto ci ritorna indietro, non è quasi mai come lo avevamo pensato. Con Sonia era il contrario; ogni progetto che Cesare le aveva delegato, con sua sorpresa, era ritornato meglio di quanto avrebbe personalmente sviluppato. Questo era il frutto del perfetto bilanciamento tra l'uso dei due emisferi cerebrali. Nonostante queste indiscutibili qualità professionali, di queste rare qualità, Sonia, molto probabilmente, non avrebbe mai potuto ambire al top management a causa delle soft skills caratteriali che la portavano ad essere, da un lato poco convinta delle sue qualità ma anche troppo succube ad alcune figure e per questo, portata ad inseguire con loro cause indiscutibilmente perse in partenza.

Essere consapevoli delle proprie caratteristiche e oggettivamente, delle proprie capacità, saper scegliere velocemente e razionalmente i treni su cui salire, è elemento fondamentale per il successo manageriale in azienda.

Francesco Modigliani era Laureato in Filosofia. Con un'altezza sopra le media, Francesco presentava un fisico abbastanza asciutto di cui si vantava. Portava una barba semi incolta con sfumature brizzolate come la chioma, proponendosi con un'immagine da "macho", in netto contrasto con la postura un po' dinocolata ed insicura. Cesare, lo aveva portato in azienda dopo che, esperienze non esageratamente fortunate, lo stavano estromettendo dal mondo del lavoro. Da quel poco che lo aveva conosciuto, riteneva avesse buone doti manageriali. Mai grato per l'opportunità che gli era capitata, non aveva mai analizzato realmente i principi che lo avevano portato ad avere, prima successo e poi cadere, coprendo il tutto con una sorta di fatalità.

Aveva poi nel tempo sviluppato, forse per protezione, una cortina di presunzione, che spesso lo rendeva anche ridicolo. Spirito molto naif, era la negazione della razionalità, ma in tutti i casi la componente creativa lo rendeva interessante professionalmente anche se, non sempre, se ne rendeva conto. Per il fatto che Cesare lo aveva recuperato dal mercato, dandogli una dignità e lavorando, su alcune delle sue caratteristiche gli, aveva permesso, poco alla volta, di risalire gli scalini gerarchici, aveva creato in lui la convinzione di essere l'erede designato per sostituire Cesare, nel momento in cui avesse maturato la pensione.

Guidato dalla sindrome di Peter Pan, che lo portava a sentirsi sempre giovane e bello, pur essendo abile e competente in ambito commerciale,

Francesco evidenziava alcune lacune che, sotto il profilo manageriale, erano decisamente gravi. Ogni manager nel tempo costruisce un proprio stile di direzione, ovvero la modalità con la quale guida le risorse da lui dipendenti, trasferendo le strategie e gli obiettivi aziendali ma, soprattutto, motivando le risorse creando una squadra unita e positiva.

Non esiste lo stile di direzione vincente univoco, ma esistono stili diversi costruiti sulle caratteristiche e la credibilità del manager. Nell'ambito dello stile di direzione, la capacità e la modalità di comunicazione, sono elementi fondamentali per caratterizzare la professionalità di un manager, soprattutto, all'interno delle strutture aziendali complesse. Infatti, a seconda del posizionamento del manager nell'organigramma aziendale, la capacità di misurare la comunicazione dal basso verso l'alto e dall'alto verso il basso è elemento principe per costruire una leadership aziendale a 360 gradi. Francesco non sapeva modulare i messaggi in funzione di chi aveva di fronte. Non era capace di filtrare la comunicazione e trasferiva quello che pensava in maniera diretta, indipendentemente dal fatto che l'interlocutore fosse un suo collaboratore o una delle figure di vertice.

Questo, creava dubbi e sconcerto, nelle figure di vertice, spesso coinvolte ad analizzare progetti incompleti oppure banali che sottoponeva per approvazione. I problemi nascevano anche, in senso contrario quando i collaboratori, coinvolti su aspetti di alto livello o di visione prospettica, restavano interdetti o spaesati su quesiti al di fuori della loro portata. A questo andava aggiunto che Francesco, fondamentalmente insicuro, ricercava le cosiddette referenze esterne che dovevano confermare a sé stesso una leadership non sempre riconosciuta.

Questo avveniva attraverso la costruzione di una presunta, fittizia ed insana amicizia con i suoi collaborati. Di fatto, non rendendosi conto che faceva parte del management di vertice, costruiva una sorta di nemico attorno a tutto quello che, all'interno dell'azienda, non faceva parte della sua area di competenza, condividendo le sue personali insoddisfazioni con una squadra che in parte, diventava avulsa dallo spirito aziendale.

Nonostante Cesare si fosse prodigato a suggerire come correggere le lacune manageriali, pur con le sue personali convinzioni, Francesco non avrebbe potuto ambire, in un prossimo futuro, a ruoli apicali, soprattutto quello oggi ricoperto da Cesare. Il profilo di Francesco mette in evidenza due caratteristiche che spesso si evidenziano nel genere umano e che nell'ambito manageriale sono gravi lacune. La mancanza di carattere e di sicurezza, crea una pericolosa e continua ricerca delle cosiddette referenze esterne, basate spesso su insani e non reali presupposti. La necessità di avere continuamente riscontri che ci confermano positività su quello che nel nostro io, sappiamo essere una carenza, è un qualche cosa di abbastanza frequente, ma estremamente pericoloso in ambito manageriale.

Il Leader, per guidare una squadra, un'azienda, un esercito, non deve dimostrare di avere dubbi, non deve evidenziare debolezze, questo soprattutto se posizionato nella parte alta della scala gerarchica. Tuttavia, anche il Leader è un'essere umano, con le fragilità intrinseche che l'uomo porta con se! Il confronto misurato con interlocutori seri e preparati, solo su singoli dubbi adeguatamente mascherati e mai attraverso uno sfogo specifico, aiutano ad arrivare ad una congrua certezza sulle scelte da portare avanti. Di sicuro, bisogna diffidare da quel Leader che rifiuta il confronto o, peggio, ritiene di non averne bisogno, perché sarà un Leader che porta il sistema al collasso.

Cesare poteva contare su un bel numero di collaboratori che, per arrivare alla decisione, dovevano contare sul supporto di chi gli stava attorno, soprattutto da sopra. È quindi quasi impossibile, trovare manager in grado di garantire di essere sempre sicuri delle proprie azioni e delle proprie decisioni. L'esperienza ed il carattere permettono di gestire ad un livello accettabile le insicurezze intrinseche in ogni decisione o azione che dobbiamo assumere o portare avanti e gli aspetti esterni ed il confronto, possono aiutare a gestire con adeguata tranquillità il processo decisionale.

La gestione del dubbio è quindi una delle caratteristiche del leader che, necessariamente, deve guidare gruppi più o meno numerosi. Ognuno di noi, in generale, tende ad avere un metro di misura di sé stesso, un'autovalutazione che quasi sempre è più alta della realtà. Questa mancanza di obbiettività congenita, se unita ad una presunzione di fondo che impedisce di recepire possibili confronti, crea una lacuna comunicativa incolmabile che, a livello manageriale, è un fattore estremamente grave. Purtroppo, Francesco era caratterizzato da una esagerata voglia di dimostrare sicurezza, anche se, lui stesso, forse non ne aveva una reale convinzione, oltre ad una incapacità inconscia o conscia a saper ascoltare. Queste due caratteristiche non lo potevano proiettare con successo a scenari di alto livello. Nelle acque dell'atlantico ma anche nell'adriatico ed al sud della Corsica è possibile incappare in un mastodontico pesce tra i 10 ed i 12 metri di lunghezza con una bocca enorme. Veramente spaventoso: è lo squalo elefante, dal nome scientifico di Cetorhinus, che tuttavia, è assolutamente innocuo, in quanto si nutre di plancton ed è per questo motivo che ha questa bocca enorme. Francesco per le sue caratteristiche nel mondo animale avrebbe potuto essere uno squalo elefante.

Anche il Gaviale del Gange potrebbe ben rappresentare il Francesco manager. Il Gaviale del Gange, vive appunto in India ed è molto temuto perché di fatto è assolutamente simile ad un feroce coccodrillo. Ha però il muso più lungo e stretto rispetto al coccodrillo che lo obbliga a nutrirsi solo di rane o insetti. Sembra feroce ma è inoffensivo e scappa quando altri animali si avvicinano. Nelle aziende, ma anche nella vita, è frequente incontrare squali elefante, grandi ma innocui.

***Costruirsi un'apparenza non serve
a spaventare gli altri.***

IL CANE

Se, tra le caratteristiche umane, l'insicurezza è quasi sempre presente, è abbastanza normale trovare, anche nel management, figure che necessitano sempre di referenze esterne per trovare spazi di sicurezza accettabili. In azienda, quindi, frequentemente possiamo incontrare i cosiddetti "manager cane". Il cane è un'animale intelligente, ma ha bisogno di un padrone ed è capace di vivere nella sua adorazione e servirlo in maniera incondizionata. Attende che il padrone gli passi il cibo e per questo aspetto, il cane gli è enormemente grato. Un approccio poco razionale perché, il cane, non si rende conto di quanto, invece, è il padrone a dovergli essere grato per quello che generalmente gli dà. L'approccio del "manager cane" non è da confondere con la pletora di "yes man" che popolano le aziende. Lo "yes man", non discute, esegue magari non condivide, ma non lo dice per non irritare il superiore.

Lo "yes man", se interrogato, conferma che le indicazioni ricevute dal superiore sono corrette. Il manager cane, invece, non è solo un esecutore, ma diventa entusiasta dell'idea di chi gli stà sopra, la fa sua, la sposa e la difende. Non solo si prodiga con ogni mezzo affinché l'idea si attui, ma combatte a spada tratta con chi non la difende o la ostacola. Insomma, è fedele e grato al suo capo. Cesare nell'entourage aveva a che fare con diversi manager cane, come ad esempio Riccardo Ruggieri, responsabile di una linea di marketing, scontroso ed irascibile con tutti, compresi i fornitori, era dolce e disponibile solo con il direttore di divisione che, pur consapevole dei suoi limiti, lo teneva buono facendogli ipotizzare una possibile, ma non reale, crescita di carriera. Anche Matteo Carnevali era un bel esempio di manager cane! Matteo, arrivista quarant'enne, si occupava dello sviluppo di una linea di prodotto in alcuni paesi asiatici. Era intelligente e lavorava in maniera ossessionata ed irrazionale solo per ricevere i complimenti di quelli che guidavano l'azienda. Più il riconoscimento gli arrivava dall'alto, più scodinzolava.

Non era capace di lavorare in squadra, evidentemente, perché non voleva distribuire i riconoscimenti del vertice con altri e questo, molto spesso, determinava il rischio di non portare a casa interessanti opportunità. Matteo Carnevali non era in grado di capire che, le figure di vertice, sfruttavano la sua disponibilità, e come il cane è contento della carezza del padrone, Matteo, solo per una presunta e falsa confidenza dei suoi superiori, si sbrodolava ed era disposto a non risparmiarsi. Matteo, per la carezza del padrone, non guardava in faccia nessuno e non conosceva amici.

Il manager cane è molto utile all'azienda perché con poco sforzo, riesce ad avere una grande resa, ma, oltre a ciò, le figure di vertice possono contare su quel riconoscimento dell'ego che era caratteristico nel medio evo dove, il regnante, poteva godere della indiscussa contemplazione dei paggi. Anche il manager cane, come il resto della fauna manageriale, ha quindi uno specifico ruolo all'interno dell'azienda, un ruolo importante per gli equilibri aziendali e per "far succedere le cose" che però, qualcuno ha già pensato e pianificato, di sicuro non potrà mai essere il manager che governa l'azienda.

<u>I TOPI</u>

La fauna aziendale in generale è molto variegata ed è popolata anche da animali molto positivi che realmente hanno caratteristiche manageriali atte a crescere con l'azienda e far crescere l'azienda. Animali in grado di emergere rispetto alla colonia di topi, più o meno grandi (ratti) che di fatto contestualizzano il sub strato organizzativo. Certamente ci trovavamo davanti a topi grandi e ben introdotti e topi più piccoli che i topi grandi fanno correre. I topi sono animali estremamente astuti con particolari capacità di adattamento, molto vispi durante la giornata, vivono in contesti gerarchici con maschi e femmine dove, la gerarchia, è garantita dall'aggressività.

I soggetti più deboli seguono quelli più forti o vengono allontanati. Di fatto i topi sono la base della fauna aziendale. Sono molto attivi e sono coloro che svolgono le attività quotidiane; rispettano le gerarchie interne e le sacche di potere occulte che dettano le regole non scritte. Le colonie di topi Cesare le vedeva chiaramente nell'organizzazione degli impiegati dei vari dipartimenti, presenti nell'Health Quarter, ma soprattutto nelle organizzazioni territoriali nei vari paesi, al di sotto delle cosiddette prime linee. I ratti nell'HQ, che sapevano di avere in anticipo informazioni o leve utili per il management di vertice, si prodigavano, sgomitando sugli altri topi, per arrivare a chi, del management, sarebbe stato riconoscente per informazioni utili alle scelte strategiche, non solo aziendali. Sul campo la cosa era ancora più eclatante in quanto, il ratto che poteva contare sulla accondiscendenza del Kapo della prima linea, esibiva un potere, mai realmente ottenuto, sugli altri topi che difficilmente si ribellavano.

Di fatto, le logiche che si incontrano in quasi tutti i contesti sociali, in sistemi più o meno evoluti. Tra questi ratti, un paio erano veramente eclatanti. In particolare, Giovanni Colombo, addetto alla logistica, per anzianità e perché no, anche per competenze, favoriva o rallentava i processi per accondiscendere o ostacolare un determinato manager in funzione della sua simpatia. Su questo imponeva i ritmi a coloro che collaboravano con lui pur non essendone il diretto riferimento gerarchico.

Altrettanto avveniva per Giulio Zaccaria, che coperto dal suo capo, pur intelligente e capace, lavorava con parsimonia in ambito commerciale, portando avanti i risultati sul minimo accettabile quindi senza uno sforzo esagerato e su questo condizionando anche i colleghi dell'area vendite. Operazione permessa solo dalla sacca omertosa offerta dal suo capo che a sua volta doveva a Giulio la copertura di suoi errori. Insomma, ratti con potere guidavano l'andamento dei topi, anche indipendentemente dalla gerarchia aziendale.

LE QUALITA' POSITIVE DEGLI ANIMALI

Tra gli animali positivi, Cesare aveva individuato un paio di piccoli elefanti, che intelligentemente avevano compreso lo scenario e si muovevano con solidità in sintonia con Cesare. Piccoli elefanti che, non di rado venivano attaccati da manager Tigre o leoni, attacchi che erano però in grado di rintuzzare con il supporto di Cesare. Tra questi, sicuramente Massimo Pane era quello che maggiormente si avvicinava all'elefante tipo, per la sua solidità come problem solving, ma soprattutto perché ormai cominciava ad avere chiare quali erano le strategie di sopravvivenza all'interno dell'ecosistema aziendale. Massimo Pane, era entrato in azienda con una breve esperienza in logistica per occuparsi dei processi gestionali di uno specifico territorio molto strategico. Territorio complesso che vedeva Hesperia molto presente e soggetta ad un notevole pressing competitivo.

Il suo kapo era Carlo Vincenzi, anch'esso buon esempio del manager maiale, soddisfatto di una crescita estremamente contenuta del business in un territorio, dove la concorrenza, cresceva di almeno quattro volte rispetto ad Hesperia. Carlo Vincenzi non gestiva i suoi collaboratori, lasciando un'autogestione degli obiettivi commerciali, lasciando che si formassero ampie sacche di inefficienza in ambito gestionale. Quando Massimo aveva iniziato il suo incarico, si era subito imbattuto nelle grandi inefficienze e nei buchi operativi che Hesperia manifestava e del grande lavoro che, tale contesto richiedeva, ma anche nel fatto che, l'azione commerciale, era allo sbaraglio, gestita da tanti "manager maialini" che, di sicuro, non erano stimolati da obiettivi chiari ed adeguati.

Molto rispettoso dell'organigramma, Massimo, da subito, si era messo a testa bassa a lavorare per sistemare, con la sua peculiare caratteristica di problem solver, ad uno ad uno i buchi organizzativi, migliorando le inefficienze che tali buchi avevano creato. Marcello Bruni, ingegnere gestionale e direttore Marketing di Hesperia, per primo aveva notato l'azione decisa e probabilmente non troppo gradita all'interno dell'organizzazione territoriale che, Massimo Pane, aveva portato avanti. Massimo, strategicamente molto abile, aveva approfittato della totale assenza del suo capo per occupare, con successo, gli spazi lasciati liberi nell'organizzazione.

In cinque anni, di fatto, era il gestore delle attività territoriali, anche condizionando e smuovendo le performance commerciali. Ufficialmente era ancora il responsabile gestionale ma, informalmente, era lui il dirigente responsabile di quel territorio in quanto, Carlo Vincenzi, lo lasciava operare. Era molto odiato dalla forza commerciale e dai relativi responsabili, essendo riuscito ad attenzionare l'azienda sulle loro criticità; tuttavia, era anche temuto e rispettato per la competenza e per la leadership. Se da un lato Massimo Pane dimostrava indubbie qualità professionali, nel tempo avrebbe dimostrato anche, di essere un'abile stratega. Qualità che invece non dimostrava il suo Kapo Carlo che, poco alla volta, continuando a lasciare liberi gli spazi decisionali e quindi di potere, perdeva giorno per giorno autorevolezza, permettendo a Massimo di emergere.

Poco alla volta Massimo, sostituì nell'interlocuzione con Marcello Bruni, ma in generale con tutto il marketing, il Direttore Carlo Vincenzi, che, senza rendersene conto, era diventato inutile per l'azienda e quindi, eliminabile. L'unico neo di Massimo era una scarsa capacità relazionale, principalmente con i collaboratori. Cesare, attento come sempre all'evoluzione dei manager, concordò con le risorse umane un approccio di supporto per implementare alcune soft skill in ambito relazionale.

Dopo 5 anni, Massimo veniva inserito nell'Health Quarter di Hesperia con l'incarico di direttore operativo. Cesare sapeva che le potenzialità di Massimo non erano ancora del tutto espresse. Le qualità dell'elefante nel tempo stavano emergendo e questo poteva essere una grande opportunità per l'azienda. Nella giungla, dove Cesare osservava la fauna che lo circondava, si muovevano diversi elefantini, ovvero animali manager che esprimevano potenzialità, estremamente interessanti per l'evoluzione aziendale e, tra questi, sicuramente si muoveva il giovane elefantino Rodolfo De Chirico, Maurizio Panucci e l'orso Marino Carboni. Rodolfo De Chirico, laureato in legge, era un giovane manager che Cesare aveva incontrato in contesti esterni all'azienda e che, con la logica del far succedere le cose, sulla base di uno specifico progetto che aveva presentato, era potuto entrare in azienda in un ruolo operativo.

Aveva lavorato in progetti diversi mettendosi sempre in mostra ed acquisendo una importante leadership nei confronti di buona parte dell'organizzazione commerciale ed operativa di Hesperia. Uno specifico contesto che richiedeva particolari conoscenze legali aveva permesso a Cesare di farlo apprezzare anche dal presidente Riccardo Furoni, per come aveva risolto positivamente alcune criticità con la politica regionale. Rodolfo dimostrava ogni giorno, una grande voglia di fare e di mettersi in discussione, anche al di fuori degli schemi e di quello che già conosceva.

Le potenzialità, le competenze e soprattutto i soft skill relazionali, avevano permesso a Cesare di prospettare e far accettare, al Consiglio di Amministrazione, Rodolfo come candidato per il ruolo di responsabile di un progetto innovativo che l'azienda avrebbe lanciato nei prossimi dodici-diciotto mesi. Un progetto importante che avrebbe potuto essere il baricentro dei futuri business.

L'orso è sicuramente noto per la sua mole e normalmente viene considerato come un'animale estremamente aggressivo. Tuttavia, a parte quando l'orso femmina ha la necessità di proteggere i propri cuccioli, in generale l'orso è abbastanza schivo e resiliente evitando gli incontri soprattutto con l'uomo. Non è invece sempre noto il fatto che l'orso è un'animale anche molto intelligente, con un'intelligenza cognitiva molto sviluppata che gli permette di gestire e dosare la forza usando gli artigli per uccidere animali molto grandi ma anche per raccogliere un acino d'uva, ma non tutti sanno che, sorprendentemente, l'orso sà contare.

Marino Carboni era un vero orso. Aggressivo ma con moderazione, era in grado di gestire i suoi artigli a seconda delle situazioni e quindi di poter contare su una leadership già consolidata. Marino Carboni era intelligente, perché sapeva adattarsi ai contesti, ed era in grado di costruire le strategie atte a far succedere le cose. Marino era affidabile ed onesto e questo piaceva a Cesare che, anche in considerazione delle indiscusse qualità commerciali, lo vedeva decisamente importante per lo sviluppo aziendale in chiave commerciale.

Maurizio Panucci era giovanissimo! Era stato selezionato e costruito da Marino Carboni che, effettivamente aveva scoperto un talento commerciale e manageriale. In poco tempo, aveva ottenuto successi nelle varie attività a cui era stato destinato anche se queste, necessariamente gli avevano richiesto sacrifici personali. Nonostante l'età, si vedeva chiaramente che era un leader!

Intelligente, ed amabile, dimostrava di avere sempre le idee chiare e l'umiltà per mettersi in discussione.

Cesare aveva una certezza: Maurizio era un ghepardo e poteva puntare in alto! Cesare metteva alla prova, quasi quotidianamente, questi ma anche altri manager per misurarne le potenzialità, correggendo gli errori ed aiutandoli ad incrementare le conoscenze e quindi le abilità. Probabilmente la qualità di questi quattro collaboratori era avere la consapevolezza di quale animale erano e di conseguenza muoversi con l'umiltà che il proprio posizionamento richiedeva. Questo determinava una costante e progressiva crescita della quale forse anche loro non sempre erano consapevoli ma che il tessuto aziendale vedeva chiaramente.

"Se vuoi qualcosa che non hai mai avuto devi fare qualcosa che non hai mai fatto"

Mike Murdock

<u>L'ECOSISTEMA ED IL VERTICE</u>

La guida del gruppo era affidata all'Amministratore Delegato e Direttore Generale di Holding, l'Ingegnere Alessandro Montanari. Alto ed atletico e di aspetto giovanile, i capelli quasi tutti bianchi in contrasto con un'abbronzatura forse esagerata, piaceva e sapeva di piacere alle donne.

Mente veramente brillante, più giovane di un'anno rispetto a Cesare, come lui, con grandi sacrifici, aveva scalato la vetta del gruppo. La caratteristica di Alessandro era un'incredibile mente matematica che poco alla volta aveva unito ad una notevole abilità relazionale. La sua vita l'aveva spesa alla carriera, dedicandosi interamente all'azienda a scapito della famiglia che chiaramente lo aveva abbandonato. Viveva e faceva trasparire, ogni tanto, da questo punto di vista riflessioni contrastanti.

Da un lato una grande soddisfazione per le sue capacità e risultati, dall'altro un'evidente senso di colpa per come, dopo il divorzio, i suoi figli, lasciati soli sulle spalle della sua ex moglie, interpretavano la vita. Nascondeva questa frustrazione lanciandosi, illogicamente vista l'età, in progetti sempre più sfidanti e visionari, quasi a voler tenere occupata la mente dalla tristezza che il ritorno a casa, da solo, gli avrebbe generato. Ad Alessandro piaceva creare feeling o meglio, far credere di creare feeling con chi si relazionava con lui!

Di fatto, però, le pseudo emozioni che dimostrava, certamente non avevano un reale fondo di verità; erano uno strumento per raggiungere gli obiettivi. Alessandro Montanari era certamente un leader e lo si percepiva subito anche solo dalla sua presenza in una stanza. Era un credente e tutte le domeniche partecipava alla Messa della Parrocchia vicino a casa, probabilmente anche per lavare la sua coscienza per le pugnalate che durante la settimana aveva distribuito. Di obiettivi ne aveva raggiunti tanti nel mondo del lavoro e da questo punto di vista, aveva di che essere ficro! Rispettato, credibile ed indispensabile, o almeno così credeva, il "vero" lato umano, era il suo punto debole. Lo aveva dimostrato con la famiglia e anche se negava, trovando il modo di fare le scarpe a chi, in azienda, si metteva in mezzo alla sua scalata.

Considerati come mansueti ed intelligenti, gli scimpanzè quando sono in età adulta possono esser estremamente pericolosi, aggressivi e capaci di scontri violenti e sanguinari per la supremazia nel branco! Alessandro Montanari, da questo punto di vista, era un ottimo esemplare di scimpanzè adulto capace di dimostrare la propria supremazia con ogni mezzo. Alessandro Montanari, si era costruito un'ottima strategia aziendale. Era arrivato al vertice grazie alle sue indubbie capacità manageriali, ma anche per il percorso che aveva messo in atto per liberarsi di chi lo poteva ostacolare ed in particolare, dal suo collega, Giovanni Bertolucci che, di fatto, era l'unico che realmente aveva i numeri per contrastarlo.

Aveva costruito il suo castello poco alla volta, lavorando di cesello sulle caratteristiche umane, sulla timidezza ed il carattere introverso di Giovanni, lasciando che da solo, cadesse nelle piccole trappole con le quali Alessandro, aveva disseminato il percorso aziendale e che avevano, poco alla volta, ridotto la credibilità di Giovanni nei confronti del Consiglio di Amministrazione. Giovanni Bertolucci, come Carlo Vincenzi con Massimo Pane, ma anche come molti altri manager posizionati in diversi livelli della scala gerarchica incapaci di costruirsi una propria strategia di difesa, non era stato in grado di rintuzzare i colpi che Alessandro aveva assestato. Giovanni, non era stato in grado di creare una diversa strategia in grado di controbattere le mosse di Alessandro, lasciando, quindi, ampi spazi liberi che lui aveva subito occupato.

Negli ultimi cinque anni Alessandro Montanari aveva aumentato la sua azione e molto affaticato, Giovanni Bertolucci, pur non avendo ancora raggiunto i limiti di età, aveva deciso di uscire dall'azienda.

Più è alto il livello aziendale più è fondamentale costruire una specifica strategia, ma soprattutto è fondamentale essere in grado di individuare la strategia di chi ci vuole insidiare ed attuare i necessari correttivi. La giungla è spietata, come lo è l'azienda.

Il Presidente della holding era Riccardo Furoni! Ingegnere, poco meno che sessantenne, decisamente in sovrappeso, di bassa statura e con pochi capelli, dimostrava più della sua età e probabilmente, sopravvalutava le sue reali capacità. Esibiva grande energia e voglia di esser sempre il primo; all'interno era, ovviamente, rispettato soprattutto per il ruolo, mentre all'esterno dell'azienda era considerato un'antipatico presuntuoso. Effettivamente la presunzione era la qualità che accompagnava i comportamenti di Riccardo Furoni fuori e dentro l'azienda, una qualità che, per molti dei manager del gruppo, soprattutto per quelli più giovani, era diventato quasi uno status.

Riccardo Furoni era falsamente convinto di essere sempre solo lui nel giusto, di essere il portatore della correttezza e dell'etica, non rendendosi conto che per questo atteggiamento, nel mondo imprenditoriale era spesso deriso. Probabilmente, avrebbe voluto essere un leone, ma, consapevole nel suo inconscio che, sulla sua leadership, pesava molto il suo ruolo aziendale ed il cognome, sapeva che il lupo era l'animale che meglio poteva rappresentarlo.

Il lupo vive in branchi organizzati con logiche che difficilmente si riscontrano in altre tipologie di animali. Chiaramente è la forza che determina la leadership ed il branco rispetta il kapo fino a quando questo ha la forza per tenersi il posto. All'interno, pur vantandosi direttamente dei risultati, il Presidente Furoni sapeva che gli importanti risultati raggiunti erano merito esclusivo del management. Nonostante quella da lui guidata fosse la quinta generazione del gruppo Furoni, viveva ancora all'ombra del padre

Angelo, quasi novantenne, che trent'anni prima, aveva voluto nella sua squadra Cesare, il giovane che il suo amico Josè Maria Entrecanales gli aveva suggerito. Angelo Furoni di fatto era stato il creatore del successo e del lancio aziendale, avendo sempre avuto le giuste intuizioni ed il coraggio di portarle avanti, come un vero imprenditore sa fare.

Tutt'ora, lucido e visionario, era ancora in grado di dare le linee di indirizzo per la crescita del patrimonio familiare e forse, questa era la grande frustrazione di Riccardo che ancora si sentiva accompagnato. Se Riccardo era un presuntuoso, ancora succube dell'immagine del padre, ma competente, il cugino Mario, quasi cinquantenne laureato in scienze politiche, figlio unico del fratello minore di Angelo, non aveva le qualità necessarie per fare l'imprenditore e quindi non in grado di poter gestire manager competenti.

Mario fisicamente asciutto, generalmente molto elegante e curato, si preoccupava molto, e solo, della sua immagine esterna. Capelli neri abbastanza lunghi, probabilmente tinti, pettinati con il gel, era considerato molto pericoloso dato che l'invidia, anche se non giustificata, era la sua malattia! Cercava in tutti i modi di trovare il male in ogni cosa per poi poter far valere la sua posizione ma non il suo ruolo. L'invidia unita all'incompetenza, ed all'assenza di empatia, faceva di Mario una realtà veramente dirompente in azienda che tutti i manager cercavano di evitare. In molti casi, aveva scaricato suoi errori o scelte errate, su inconsapevoli manager, mettendo qualcuno in seria difficoltà. La soddisfazione che poi esternava nel trovare l'errore, nell'aver messo in difficoltà qualcuno all'interno dell'organizzazione, costituiva un alone nero attorno a lui. La vipera, piccola, inutile ma letale era l'animale che rappresentava, in maniera eccellente, l'uomo Mario Furoni. Per Cesare, vissuto per educazione e per cultura nel non sopportare, presunzione ed arroganza, gestire questi personaggi non era facile, ma bastava aver chiara la strategia ed i relativi piani per poter trovare il giusto percorso.

In piena sintonia con figure pericolose era Ruggiero Sarigi, Direttore delle risorse umane. Ingegnere informatico, decisamente obeso e con una folta barba scura che contrastava con la testa completamente rasata, era sempre insoddisfatto di tutto compreso del suo ruolo in azienda e certamente anche della sua vita. Ruggiero, non aveva un look ed un portamento elegante, portava spesse lenti con occhiali scuri, leggermente curvo era parecchio goffo e misantropo. Era un buon ingegnere, ma di sicuro le sue caratteristiche umane e culturali, non erano idonee al ruolo che gli era stato affidato in azienda, soprattutto per un gruppo che poteva contare su oltre cinquantamila addetti con ruoli caratteristiche e lingue diverse, nelle società presenti nei vari paesi e continenti. Nonostante il fastidio che mostrava nel momento in cui nascevano problematiche generate dai dipendenti, era di fatto inconsapevole, della sua inadeguatezza. Riteneva infatti di essere un buon professionista nell'ambito delle risorse umane e, questa contraddizione, tra il suo percepito e quello che pensava il "resto del mondo", gli creava una costante insoddisfazione. Una costante e generalizzata invidia verso tutti, conscio, con il passare degli anni, che, probabilmente, aveva sbagliato molte delle sue scelte. Questo forse anche a partire dall'indirizzo universitario e dal ruolo che ricopriva, in quanto, presumibilmente, avrebbe dovuto scegliere un diverso percorso professionale ed una collocazione in grado di permettergli di guadagnare molto di più.

Già, probabilmente il denaro, era il principale motivo di insoddisfazione e gelosia. Non faceva mistero del fatto che contava di ereditare le ingenti disponibilità di un suo zio ultranovantenne solo. Uno zio che seguiva ed accudiva, con accanimento quasi esagerato, proprio per far valere una posizione di favore rispetto ad altri nipoti. Insomma, Ruggiero era un uomo arido, altrettanto pericoloso quanto Mario Furoni con il quale, tra l'altro, era in ottimo feeling. Nel mondo animale Ruggiero Sarigi, avrebbe tranquillamente potuto essere una foca leopardo, che ama stare e cacciare da sola, giocare con le sue prede prima di ucciderle e capace di uccidere anche i membri della sua stessa famiglia.

CESARE E LA STRATEGIA AZIENDALE

"Scegli le tue persone con cura. Una selezione corretta è il 95 per cento del successo come leader."

Brian Tracy

Due erano i pilastri sui quali Cesare organizzava la sua strategia in azienda e fuori dall'azienda. Il primo pilastro era riferito alla progettualità nel tempo di come immaginava ed avrebbe voluto vedere l'azienda in futuro. Su questo aspetto, aveva le idee chiarissime. Doveva costruire un network tra i vari business che vedevano l'integrazione tra i prodotti e la loro valorizzazione attraverso la ricerca di nuovi farmaci sulle patologie maggiormente incidenti nelle popolazioni dei paesi ricchi e di quelli più poveri. Nei paesi con contesti economici e sistemi nazionali in grado di recepire il valore aggiunto di tali prodotti, ma anche la valorizzazione di tali prodotti attraverso modalità che prevedessero a costi contenuti, servizi di supporto sanitario, in grado di garantire una maggiore efficacia delle terapie anche in contesti con modelli sanitari meno evoluti.

La costruzione del network prevedeva, l'acquisizione di specifici rami d'azienda per integrare i business principali di Hesperia, la realizzazione di joint venture con varie aziende sparse nel mondo capaci di contribuire all'integrazione, una consistente crescita di investimenti in ricerca di laboratorio interna. Su questo aspetto, la costruzione delle relazioni internazionali che Cesare aveva realizzato attraverso i tavoli delle associazioni industriali nei vari paesi era fondamentale.

Il secondo pilastro era poter garantire nel tempo e quindi, anche all'eventuale, nuova generazione del gruppo Furoni, la continuità del progetto e quindi la crescita che si era registrata negli ultimi tre decenni sia in termine di volume d'affari che di marginalità. Su questo pilastro la continua ricerca dell'organizzazione ottimale, con la valorizzazione dei talenti già presenti, ma anche con un occhio attento all'esterno, nei confronti di possibili profili manageriali che incontrava, ne erano il motore.

Cesare, portava avanti la sua strategia, concentrandosi quindi molto sul modello organizzativo presente e futuro. Un'analisi personale della quale, i vertici e la gestione delle risorse umane, non erano consapevoli e probabilmente non interessati, perchè qualcuno presente nella gerarchia, più per fortuna che per meriti.

D'altro canto, il capo delle risorse umane era Ruggiero Sarigi che, per le sue qualità umane, chiaramente, era assolutamente poco attento agli altri, dovendo pensare a quando avrebbe potuto ereditare e quindi, smettere di lavorare. Il gruppo di vertice era altrettanto attento a continuare a lodarsi per i risultati ottenuti senza soffermarsi troppo su quali erano le componenti che, realmente, determinavano tali successi.

Anche i suoi collaboratori, che vivendo in un contesto dove, la presunzione, era la qualità che maggiormente regnava, a partire dal suo collega Carlo Antonacci a salire, difficilmente, erano obbiettivi nel valutarsi avendo aspettative personali, quasi sempre, al di sopra di quanto realmente potevano ambire. Oltre alla sua personale valutazione, a Cesare piaceva far conoscere a Jolanda i suoi collaboratori che riteneva maggiormente talentuosi, e pur negandolo, in qualche maniera, cercava di avere anche da parte di sua moglie un pensiero. Un pensiero che chiaramente era specificatamente irrazionale, emotivo e di approccio, da aggiungere alla sua valutazione complessiva.

In generale più occhi, più orecchi, più momenti di confronto sono fondamentali per avvicinarsi alla valutazione più completa degli individui ma, è altrettanto vero che se gli occhi, le orecchie negli incontri non sono "sporcati" dal contesto o dalla visione lavorativa, e se sono di una donna, le informazioni sono assolutamente fondamentali e quasi sempre centrate.

Antropologicamente, le donne hanno caratteristiche diverse, anche se complementari, rispetto all'uomo e per genetica sono in grado, quasi sempre, di recepire segnali che tranquillizzano o allertano, segnali che permettono di valutare i contesti e le persone, identificandone caratteristiche positive o negative.

Nel mondo animale la femmina, rispetto al maschio, ha una maggiore capacità di identificare i pericoli, in quanto, è preposta a gestire la prole alla quale deve assicurare che il contesto sia favorevole per farla crescere sicura. Questa particolare sensibilità, nonostante l'evoluzione antropologica, fa si che, le donne abbiano rispetto all'uomo, un'intuito maggiormente sviluppato. Se poi, come nel caso di Jolanda, si aggiunge una specifica competenza relazionale determinata da storia e cultura, la possibilità di avere una valutazione molto centrata sulle persone è abbastanza alta. Lo spunto di riflessione sui collaboratori di Cesare, Jolanda lo aveva fatto spesso ma, il caso più eclatante, era stato Francesco Modigliani.

Nonostante Cesare, nel passato, avesse puntato molto su Francesco, che riteneva manager con potenzialità anche per le sue specifiche esperienze, Jolanda sin da quando lo aveva incontrato la prima volta, aveva detto chiaramente a Cesare che, Francesco, aveva molte lacune relazionali e comportamentali.

Falsamente concentrato su sé stesso, pur consapevole delle sue insicurezze, negli incontri dove era presente Jolanda, aveva mantenuto un approccio molto spavaldo e abbastanza "sbracato", senza rendersi conto dei contraddittori messaggi del linguaggio del corpo che evidenziavano una situazione di disagio. Volutamente messo alla prova da Jolanda, nell'amabile chiacchierata a tavola, aveva messo in evidenza una visione per molti versi poco matura per l'età e per una posizione manageriale. Il tempo avrebbe poi evidenziato come Jolanda, realmente avesse ragione.

LA GIUNGLA

"Più piccola è la mente, più è grande la presunzione"

Esopo

IL RE DELLA FORESTA

Il leone ruggì soddisfatto. Tutta la savana era in silenzio e guardava attenta quello che sarebbe successo; un rito sempre uguale! La preda era ai piedi del leone che accovacciato, guardava con soddisfazione gli altri animali in silenzio. Non aveva cacciato lui, perché come al solito, era stata la leonessa ad uccidere l'antilope, ma questo poco importava al leone! Lui era il re della foresta e comunque, i meriti erano i suoi! Non era affamato, ma avere la preda ai suoi piedi, lo riempiva di soddisfazione.

La leonessa affondò il muso nel ventre dell'antilope e portò, un pezzo della preda, ai suoi cuccioli, ma dopo questo, solito rito, il leone guardò le immancabili tre faine che costantemente gli stavano vicine che, immediatamente, si lanciarono sulla preda per nutrirsi. Dopo poco il leone annoiato ruggì nuovamente e le tre faine si allontanarono. Il leone affondò le fauci sui resti dell'antilope e soddisfatto, si alzò per allontanarsi. Immediatamente le tre faine lo seguirono a distanza mentre la leonessa era all'ombra con i cuccioli. Il leone era contento del fatto che, le tre faine lo seguissero, poiché, se pure a distanza, gli sembrava di avere dei cortigiani. Alle volte, quando si avvicinavano troppo, con una zampata, forse non troppo decisa, le faceva fuggire, ma in fondo gli piaceva avere, oltre la leonessa, che comunque si preoccupava dei cuccioli e della caccia, questi vassalli che dipendevano da lui per il cibo.

IL RE DELL'AZIENDA?

Vincenzo Leone era un manager di successo, o forse ne era solo convinto! Aveva scalato tutti i gradini dell'azienda portando quei risultati che facevano piacere ai vertici, molte volte anche senza farsi troppi scrupoli su come arrivavano quei risultati che, in tutti i casi, quasi mai, erano direttamente collegabili a lui. Sicuramente poteva contare su una discreta abilità, su buone skills professionali, su molta fortuna e su una piccola schiera di figure, che, poco alla volta, aveva fatto entrare nella gerarchia aziendale e che, di conseguenza, gli erano riconoscenti, solo per necessità.

Figure che, ormai, costituivano la sua personale schiera di vassalli. Vincenzo Leone, cavalcava sempre le strade più note, per ottenere i risultati nel più breve lasso temporale, mentre rifuggiva e temeva molto le nuove frontiere, l'innovazione, un terreno scivoloso che, a suo parere, poteva portare rischio di insuccesso. Leone non era un leader vero e proprio, in quanto, il finto carisma personale era, di fatto, garantito dalla sua "corte dei miracoli", ovvero dai suoi vassalli. Leone, da sempre era un narcisista! Si trovava bello, tant'è che cercava di curare il suo aspetto, anche con particolari poco coerenti con il passare degli anni. Leone si riteneva molto intelligente, tant'è che nessuno poteva contrastare il suo pensiero, senza correre il rischio di essere calpestato o emarginato. Leone era particolarmente attirato dalle donne.

Era attirato da tutte le donne, non tanto per una questione di pulsioni sessuali non gestibili, quanto per poter far valere la sua posizione, il suo presunto charme, il suo potere. Era giunto il momento di lanciare la scalata al vertice e Vincenzo Leone capì che, l'innovazione tecnologica, la digitalizzazione erano gli strumenti, abbastanza sconosciuti ed ostici ai vertici aziendali, ma anche a lui, che, tuttavia anche se rischiosi, potevano creargli una nuova opportunità di successo. Certo, come al solito, questa visione non era "la sua visione", ma era la visione di Giuseppe che, da lungimirante ingegnere elettronico, stava immaginando le nuove frontiere da portare avanti per migliorare i risultati aziendali.

Leone capì subito che questa era una grande opportunità. Non ne sapeva nulla di questo argomento, non sapeva come fare, ma capì che non si poteva far sfuggire l'occasione. Giuseppe, razionale e concreto aveva le idee molto chiare su un percorso semplice, relativamente poco dispendioso ma, facilmente realizzabile, in un contesto complesso come quello della loro azienda. In quel periodo, Leone incontrò Geraldo, un'uomo capace, brillante manager di una multinazionale informatica americana, che proponeva il prodotto gestionale di prestigio e di immagine, molto, ma molto più costoso, rispetto al progetto pensato da Giuseppe.

Geraldo, veramente scaltro e come si dice, con il pelo sullo stomaco, un pelo costruito con oltre trent'anni di prima linea e vendita di tecnologia sui mercati internazionali, inquadrò subito Leone e capì immediatamente su cosa doveva lavorare. Leone fu invitato ad un convegno internazionale in Arizona, dove spiegare gli aspetti strategici che la rivoluzione digitale, poteva portare nell'azienda per cui lavorava. Dalla sede del convegno, venne organizzata un'intervista televisiva con Leone, trasmessa su vari canali in tutta Europa e negli States!

Gerardo aveva attivato la sua strategia, aveva tessuto la sua tela. Stava lavorando sull'ego di Leone.

Giuseppe, in più occasioni aveva evidenziato i rischi di un prodotto bello, ma esageratamente costoso, estremamente complesso da realizzare e soprattutto difficile da applicare nei mercati così diversi nei quali l'azienda operava. Nel giro di sei mesi, Giuseppe, pur con le sue caratteristiche specifiche, non faceva più parte del progetto. I suoi collaboratori chiaramente, per continuare a far parte *"della corte dei miracoli"*, pur consapevoli del fatto che il progetto era pericoloso, non perdevano occasione per complimentarsi con Leone per la creatività della soluzione.

IL CACCIATORE

Roberto era un siculo puro sangue e viveva in Kenia da oltre un decennio. Non si può certo dire che Roberto fosse una persona etica. Approfittando delle sue conoscenze, costruite in loco con i funzionari del paese attraverso cospicui doni e molto, molto denaro, con una rete di alcuni kenioti svolgeva la sua attività di contrabbando di animali, vivi o morti.

Roberto era un cacciatore, amava le armi ed era dovuto scappare dall'Italia dopo che diversi affari con la malavita del sud Italia erano andati male. Un contesto che lo aveva portato da un lato ad essere ricercato dalle forze di polizia europee, ma forse, ancor peggio, avere una taglia sulla testa offerta dalla famiglia dei Piromalli di Gioia Tauro e della famiglia dei Lo Duca di Messina. Aveva investito le ingenti somme, di cui era riuscito ad appropriarsi, per costruirsi una rete di difesa molto ben strutturata in

Kenya, una rete che gli aveva permesso di eliminare almeno due squadre di sicari mandati dall'Italia. L'attività che aveva costruito, con il placet dei potenti e politici locali, era molto florida. Esportava animali proibiti, vivi o morti, in tutte le parti del mondo per i parchi degli sceicchi o dei multimilionari che popolano i vari angoli della terra e che cercano, trofei da esporre o emozionanti momenti con questi pericolosi gattoni.

L'ultima commessa, gli era stata incaricata da uno dei vertici della mafia cinese che aveva voluto un leone ed una leonessa vivi e feroci, con i quali popolare una parte riservata del suo parco, zeppa di telecamere, nella quale, da quanto si diceva, mandava coloro che considerava traditori ed attraverso mega schermi si dilettava a guardare lo scempio che i due enormi felini facevano dei poveri disgraziati. A Roberto, poco importava a cosa servisse il suo lavoro, lui sapeva di avere la squadra migliore al mondo, capace di offrire il servizio che, i suoi ricchi clienti chiedevano e per il quale erano disposti a pagare prezzi esorbitanti.

Recentemente aveva ricevuto una richiesta arrivata dall'India dove, un ricco imprenditore, voleva arricchire il suo zoo privato con un giaguaro ed un giovane leone. Un'operazione che avrebbe fruttato una cifra superiore al milione di dollari compreso il trasporto e la consegna.

Il giaguaro lo aveva già catturato e la cosa non era stata per nulla semplice, mentre i suoi uomini avevano già individuato il giovane leone che, assieme alla leonessa ed alla prole, prediligeva una certa parte della savana.

Come tutti i grandi predatori, anche il leone aveva altri animali più o meno feroci che si nutrivano degli avanzi della caccia, ma, la caratteristica di questo leone era essere sempre seguito a distanza da tre faine che sembravano quasi dei paggi! Preparare la trappola alla cattura, per Roberto ed i suoi collaboratori, fu relativamente semplice.

Individuate le abitudini, individuato come si muovevano le faine, la grande rete fu posizionata sul percorso, abilmente camuffata e dopo una settimana di appostamenti e tre giorni di preparativi, la cattura fu attuata. Il leone non capì cosa stesse succedendo quando, imprigionato nella rete, venne sbalzato verso l'alto e passò pochissimo tempo da quel momento di incredulità al momento in cui, colpito dal dardo di sonnifero tutto si fermò.

Risvegliarsi nella gabbia, fu per lui traumatico. Cercò di riprendere la sua fierezza con ruggiti sempre più forti, ma capì molto presto che, il re della foresta, non era più lui.

Non sapeva quale sarebbe stato il suo destino ma capì che nulla sarebbe stato come prima.

LANCIARSI SENZA PARACADUTE

Compito del manager, è quello di guidare, illuminare l'imprenditore o gli imprenditori, nel caso di un CDA, verso i nuovi progetti in grado di creare sviluppo aziendale e sostenibilità economica. Il Manager deve aver analizzato preventivamente, i nuovi progetti sotto tutti i punti di vista, soppesando punti di debolezza e di forza, confrontandosi con l'organizzazione ed i vari livelli aziendali.

Vincenzo Leone, invece, stava facendo un'errore enorme, in quanto, si stava esponendo, senza un confronto interno, facendosi guidare esclusivamente da Gerardo che era diventato, ormai, il consigliere personale di Leone. Il team di Leone, senza opporsi, ma non condividendo la scelta, lavorava a stretto contatto con il team di Gerardo che continuava ad elaborare il costoso progetto che l'azienda avrebbe acquistato.

Leone non si rendeva conto che era solo a sostenere il progetto e che Gerardo, lavorando sul suo io, spingeva, facendogli assumere una responsabilità enorme sia sotto l'aspetto economico, visto che il progetto ormai, costava diverse decine di milioni di euro, ma anche, rispetto al contesto organizzativo, in relazione all'impatto su tutti i meccanismi aziendali. Il gruppo operava in quattro continenti su business diversi gestiti da oltre 10.000 dipendenti. Leone non si rendeva conto che la sua decisione, qualora il progetto non avesse funzionato, avrebbe potuto mettere in ginocchio l'intero sistema. Leone era quasi eccitato dal fatto che, secondo Gerardo, questo progetto avrebbe lanciato l'azienda verso orizzonti sconosciuti e soprattutto, avrebbe fatto brillare la sua immagine nel mondo imprenditoriale posizionandolo tra i manager più innovatori del pianeta.

La presunzione e l'eccessiva sicurezza, però spesso generano brutti scherzi. Nonostante il CFO avesse lanciato per molti mesi i segnali che l'operazione, dal punto di vista finanziario, avrebbe creato dei problemi di cassa importanti, Leone continuò ad ignorare le sue proteste, tant'è che questo importante e competente dirigente, presentò le dimissioni e lasciò l'azienda. L'onere del progetto, quell'anno, pesò in maniera significativa sul bilancio consolidato; il titolo ebbe un sobbalzo inaspettato e gli investitori furibondi, chiesero la testa di Leone.

Ma, come sempre, il peggio doveva ancora arrivare! Leone era sicuro del risultato! Arrivato il "giorno x", ovvero girata la chiave e fatta partire la macchina, il successo sarebbe stato assicurato. Il colpo pesantissimo arrivò, però, molti mesi dopo quando fu attivato tutto il sistema, in tutte le company ed in tutti i paesi. I dati non arrivavano e quelli che arrivavano erano errati. Gli stabilimenti produttivi si bloccarono e improvvisamente l'azienda era cieca, nonostante il lavoro degli uomini che, sprofondati quasi agli anni 50, si trovavano a fare tutto a mano sulla carta. Purtroppo, dopo settimane di agonia ci si accorse che il sistema non poteva funzionare. Tutto era bloccato ed il ritorno al passato era estremamente complesso proprio per la scelta irreversibile che, spinto da Gerardo, Leone aveva deciso di portare avanti.

Nel giro di tre mesi, un terzo dei dipendenti dette le dimissioni, con le risorse umane che andarono nel pallone. Principalmente i mercati sudamericani e cinesi, che erano le nuove frontiere del piano di sviluppo, praticamente in sei mesi furono chiusi. Il fatturato dei successivi sei mesi crollò del 50 % ed il margine evidenziò a fine anno, perdite insopportabili per i volumi di investimenti pianificati. Obbligato dal Presidente, dopo aver distrutto l'azienda per dare sfogo al proprio ego, Leone presentò le dimissioni e contrariamente alla sua convinzione, il mercato non fu in grado di riciclarlo.

Leone non sapeva quale sarebbe stato il suo destino ma capì che nulla sarebbe stato come prima per lui e per l'azienda.

ECOSISTEMA DEL MONDO
IMPRENDITORIALE

*"Dietro ogni impresa di successo c'è qualcuno che
ha preso una decisione coraggiosa"*

Peter Ferdinand Drucker

Cesare aveva costruito una rete molto fitta di relazioni, sicuramente in buona parte connesse al contesto lavorativo, dentro e fuori all'azienda, ma anche legate alla vita privata, soprattutto per quello che era legato agli hobbies. Nell'ambito delle relazioni legate al contesto lavorativo ed alla possibilità di attivare confronti con imprenditori e top managers operanti in diverse tipologie di business - soprattutto nei contesti confindustriali -, aveva avuto conferma che la giungla, non era confinata solo all'interno della sua azienda. Trovava infatti estensione anche all'esterno e si trasformava, più o meno intricata, nei vari contesti delle altre aziende.

Gli ambiti conviviali ed estemporanei erano quelli migliori, per cercare di capire le caratteristiche dei singoli personaggi e gli animali che li potevano meglio rappresentare, non per l'aspetto, quanto per le inclinazioni caratteriali. Cesare partiva dal presupposto che, il numero di fenomeni, ovvero figure dotate di qualità superiori alla media, al mondo era parecchio limitata, e poi con cosa si doveva intendere fenomeno? Certo di personaggi veramente capaci nel mondo degli affari era possibile trovarne tanti, ma qual'era il loro contesto sociale e familiare? Com'erano questi personaggi al di fuori del lavoro? Per Cesare, i fenomeni erano coloro che erano in grado di ottenere successo, come uomo o donna, in ogni ambito della vita. Nel lavoro, nelle relazioni, nelle amicizie nella famiglia, nei contesti sociali, avendo un giusto equilibrio in ogni parte delle componenti che definiscono la nostra vita.

Non è difficile scovare, sia nella storia che ai giorni nostri, come, cosiddetti fenomeni in campo imprenditoriale o super manager, evidenzino grandi aree grigie nelle relazioni, nella famiglia e spesso anche nell'etica. Non è difficile trovare grandi imprenditori, uomini di successo nel mondo degli affari estremamente aridi, capaci di passare sopra a chiunque, pur di raggiungere i propri scopi. Per Cesare, che guardava abbastanza rigidamente il manager o l'imprenditore, come uomo o donna nella sua totalità, nella sua interezza, la possibilità di incontrare dei fenomeni nei contesti lavorativi diventava veramente scarsa.

I fenomeni probabilmente vivono al di fuori della giungla e di conseguenza, Cesare aveva difficoltà ad incontrali. Cesare sapeva che la giungla del mondo del lavoro mostrava tutto il mondo animale con i pregi ed i difetti. Animali forti, veloci e spietati, animali dolci ed inoffensivi, animali spaventosi ma non pericolosi, ma ugualmente da non trascurare. Dietro le qualità di ogni animale, in funzione delle caratteristiche si realizza il suo posizionamento nella giungla, come del resto, nel mondo del lavoro, in funzione delle caratteristiche e carattere del manager o dell'imprenditore, si definisce la sua collocazione e si possono costruire di conseguenza, le specifiche strategie.

LE DONNE ED IL MONDO INDUSTRIALE

"La vita per le donne è facile: basta pensare come un uomo, comportarsi come una signora, sembrare una ragazzina ed essere una moglie

e una madre da Mulino Bianco"

Lupo Alberto

Nel mondo animale, la femmina ha un ruolo importante e non solo perché genera la prole, ma anche perché di fatto, soprattutto per i grandi felini, è lei che procura il cibo e sicuramente, condiziona il maschio in molte delle attività e degli equilibri del quotidiano. Nella giungla questo si vede in maniera chiara, ma con declinazioni diverse, la stessa cosa la si vede anche per l'animale uomo.

Il peso della donna nella società ed il fatto che, l'uomo comincia ad esserne spaventato, lo si vede nella quantità di femminicidi o violenze contro le donne a cui assistiamo ormai quotidianamente. L'uomo reagisce con la violenza all'intraprendenza e all'intelligenza delle donne, cosa che non avviene nel mondo animale, dove a parte rarissimi casi, il maschio non aggredisce mai la femmina della sua specie. Nel mondo industriale italiano, le donne fanno fatica a ricoprire ruoli di prestigio o di vertice.

Solo il 3% degli Amministratori Delegati delle aziende è donna. Nonostante si parli insistentemente di far crescere le cosiddette quote rosa, l'universo manageriale femminile, fatica prendere spazio nonostante le donne, rispetto all'uomo hanno un qualche cosa in più che, se libere di muoversi, permette loro di essere maggiormente performanti rispetto all'uomo.

Lo possiamo leggere guardando la storia di Cristina Scocchia, Amministratore Delegato di Jillycaffè, che partendo da zero ha scommesso sulle sue caratteristiche con umiltà e voglia di imparare. "Mai cadere nella trappola di sminuire le proprie capacità o caricarsi di sensi di colpa" ha recentemente detto in un'intervista.

Carlotta de Bevilacqua, oggi Amministratore Delegato e Presidente di Artemide, che, con le sue luci, illumina mezzo mondo, ha dovuto prendere in mano l'azienda, fondata dal marito Ernesto Gismondi quando è venuto a mancare e lo ha fatto con determinazione, umiltà ed a chi le domanda se è una difficile eredità risponde: "se sono all'altezza o meno, è una domanda che mi faccio tutti i giorni. Per me l'interesse dell'azienda viene sempre prima del mio io. Guardo ai risultati, che si misurano nei consigli di amministrazione, questo è evidente, ma anche nei riscontri che puoi avere ogni giorno con chi ti circonda. Io sono sempre aperta al confronto e al giudizio degli altri. Non mi piace chiudermi dentro un recinto".

Evelina Christillin, membro del Consiglio Generale FIFA, unica donna in Italia ed in Europa componente del Consiglio direttivo del calcio mondiale, mette in luce la componente che, probabilmente, alla maggior parte degli uomini manca la fantasia. «Credo che i sogni più belli siano quelli che non hai: se non li insegui, la sorpresa è doppia». Fortunatamente troviamo anche altre giovani donne manager o imprenditrici, soprattutto in start up innovative che vanno controtendenza rispetto ad un universo femminile non sempre consapevole delle proprie qualità e capacità, dove l'uomo è obbligato a mettere in pratica specifiche strategie per evitare che questa consapevolezza invece prenda piede.

LA IENA

Cesare, nella sua attività, poteva dire di avere incontrato, nel mondo imprenditoriale, molte tipologie di animali, come ad esempio l'imprenditore iena, assolutamente incompetente su tutto, ma con una prerogativa, quella di essere capace di imbrattare qualsiasi cosa facesse. Mirco Caccia, alto magrissimo e con molti tic nervosi, era un uomo arrogante come tutti coloro che possono disporre grandi finanze non guadagnate direttamente, inconsapevole della propria ignoranza globale, era capace di far fallire qualsiasi impresa imprenditoriale avesse affrontato.

Per sua fortuna, nella società che gli determinava i profitti che usava per le sue scommesse fallimentari, poteva contare su altri soci un po' più lungimiranti di lui e maggiormente consapevoli del contesto, che avevano limitato gli ambiti dei suoi interventi, dando mandato ad un manager, naturalmente super pagato, comunque veramente competente, la gestione dell'impresa. Mirco, investiva i cospicui introiti generati dai margini della società in nuove attività, anche stravaganti che, in pochi anni, erano destinate a fallire.

Insomma Mirco era un Re Mida al contrario. Nei pochi momenti nei quali riusciva ad esercitare il proprio potere all'interno della società principe, faceva danni! Creava i presupposti per mettere in difficoltà i collaboratori più capaci, che chiaramente erano quelli che lo potevano mettere in ombra e cercava di posizionare al vertice figure sotto il suo controllo, se non addirittura, suoi parenti, in modo da potere agire anche sotto mentite spoglie. Il management della società, fino al momento in cui gli altri soci non avevano inserito un Amministratore Delegato indipendente, era veramente scadente e demotivato, ma fedele, per ovvie ragioni, a lui, chiaramente generando rischi pesanti sul risultato aziendale.

Il Direttore Generale della società Fulvio Antinori, tarchiato con folta chioma e barba corta nera, era persona capace, ma legato da vincoli di parentela con Mirco, cosa che chiaramente gli tarpava le ali, e gli creava una grande frustrazione. Frustrazioni che determinavano una notevole insicurezza che ovviamente, essendo contro ogni prerogativa manageriale, creava danni alla sua azienda ed al mercato in cui operava. Fulvio, era un avvocato che prima di entrare in Orizzon Spa, azienda concorrente di Hesperia, aveva avuto altre esperienze professionali come legale, sia in importanti studi di Milano e Roma che come membro di commissioni ministeriali, in importanti progetti internazionali, attività che lo gratificava particolarmente.

Mirco Caccia, che era suo secondo cugino, apprezzava come Fulvio aveva lavorato nei progetti di cui faceva parte e nel suo disegno di avere un governo occulto di Orizon, era riuscito a convincerlo ad entrare nell'azienda, di cui lui era socio di minoranza, prospettandogli la possibilità di arrivare, con il suo aiuto, al vertice. Fulvio, dopo lungo corteggiamento aveva ceduto ed entrato in sordina in azienda, si era trovato la vita professionale ribaltata, soprattutto con un contesto che non lo gratificava come il lavoro precedente. Non ci si può improvvisare manager! Fulvio che non aveva quelle caratteristiche che servono a guidare un'azienda aveva dovuto a volte violentare il suo carattere e, soprattutto, rimettersi in discussione. Nominato direttore generale, per molto tempo aveva commesso errori, anche importanti, soprattutto perché indirizzato dal cugino. Poi però, era riuscito a crearsi un suo spazio d'azione ed aveva imparato come uscire dai tentacoli di Mirco, che comunque, ogni tanto, non si dimenticava di entrare a "gamba tesa" nelle attività di Orizon, naturalmente facendo danni.

Fulvio tendenzialmente era un'insicuro e come la maggior parte degli insicuri, per costruirsi il cosiddetto "physique de rôle" da manager, cercava di mascherare questa debolezza con una notevole dose di arroganza. La mancanza di alcune caratteristiche manageriali e di leadership, unite anche alla mancanza di una conoscenza approfondita nel business di riferimento, creavano un contesto, che spesso, lo faceva sentire debole ed attaccato, portandolo a reagire con elevata arroganza tanto da diventare molto sgradevole. Insomma, nei momenti in cui si sentiva debole, e succedeva spesso, faceva di tutto per essere veramente antipatico. Essendo però, in questo caso, l'arroganza una maschera, una difesa, per compensare un'inadeguatezza, nel momento in cui il contesto lo tranquillizzava, Fulvio era in grado di evidenziare un carattere anche amabile, capace di dialogare in maniera distesa e di interessarsi agli altri. Insomma, senza la maschera, era possibile scoprire che Fulvio era un'uomo perbene! Ambire a far carriera in azienda è assolutamente legittimo ed auspicabile. Tuttavia, bisogna ricordarsi l'animale che si è e capire se, quell'animale, ha le caratteristiche per i ruoli a cui si punta. E' molto difficile ricoprire un ruolo per il quale non si hanno le caratteristiche ed avere successo. Il rischio di fare errori importanti è molto elevato. Nel caso di Fulvio Antinori, la giungla aziendale e gli animali che la popolavano, avevano obbligato un gattino a vestirsi da leone, con grande fatica e con poco successo.

LA TIGRE

LA CONVINZIONE DI ESSERE INVINCIBILI

Sappiamo che la tigre è probabilmente l'animale più temibile della foresta. Dotato di una massa muscolare enorme, di una velocità incredibile in relazione al peso, di una fulmineità di azione, è consapevole di essere temibile e probabilmente, invincibile. Tuttavia, nessuno è invincibile e la Tigre, proprio per la debolezza derivata dalla caratteristica di essere poco socievole e quindi di agire da sola e di giorno, si espone anch'essa a rischi. Anche la Tigre, nella giungla, ha nemici in grado di tenerle testa e addirittura, in certi casi, di farla soccombere. L'elefante pur non essendo aggressivo, ad esempio, è in grado di farla fuggire spaventandola con la massa e con i suoi barriti, ma sono invece letali per la tigre, gli incontri o scontri, con altri grossi animali. Il Bue delle Giungle, scientificamente chiamato Gaur, ad esempio, per dimensioni, lunghezza delle zanne e capacità di colpire, non solo di fronte ma anche di lato, mette in fuga la tigre e nello scontro diretto, spesso ha la meglio.

La stessa cosa vale per il rinoceronte ma anche per il coccodrillo, che aspetta nel corso d'acqua la tigre quando deve abbeverarsi per attaccarla implacabilmente. Vivere nella convinzione di essere invincibili, anche quando si è forti, è un grande errore. Ognuno di noi ha delle debolezze e se l'avversario le comprende, facilmente può farci cadere. Sun Tzu (*) nel libro" l'arte della guerra" lo spiega molto bene: *"Se non conosci il nemico, ma conosci soltanto te stesso, le tue possibilità di vittoria saranno pari alle tue possibilità di sconfitta.*

Se non conosci te stesso, né conosci il tuo nemico, sii certo che ogni battaglia sarà per te fonte di pericolo gravissimo".

Per tale motivo nella vita aziendale, ma non solo, è necessario mettere in campo specifiche strategie che, da un lato permettono di nascondere le nostre debolezze, ma anche, in grado di confondere gli avversari. A tal proposito, Gianluca Magi (**) nel libro "i 36 stratagemmi", con un distillato di cinque millenni di strategia bellica che, poco ha a che vedere con la sola strategia militare, ci propone le implicazioni sul comportamento, sulla psicologia, sulla ricerca delle debolezze e delle forze degli individui, all'interno del contesto strategico. Modalità per controllare gli altri senza esserne controllati. Un contesto per indurre qualcuno a fare qualcosa senza che se ne accorga, per fare qualcosa a sua insaputa o, ancora, per creare deliberatamente determinate reazioni e movimenti. Insegnamenti che possono avere impatti sulla psicologia, sulla politica, sul business sul management, sull'educazione e sulla diplomazia, sulla comunicazione e sul marketing, partendo dall'etica fino alle relazioni umane. Insomma, il giusto manuale per imparare a "far succedere le cose".

Nel mondo del lavoro e soprattutto, in azienda, non esistono gli invincibili, le cosiddette tigri, perché come esseri umani abbiamo le nostre fragilità che, prima o poi, a meno che non siamo estremamente abili, emergono e ci rendono deboli. E' per questo motivo che la strategia di attacco o di difesa diventano fondamentali nella quotidianità. Individuare le trappole costruite per farci cadere, essere in grado di progettare le nostre trappole per "catturare" o difenderci dagli animali più pericolosi, diventa indispensabile per la sopravvivenza aziendale, ed a volte non è sufficiente! Cesare, nell'ambito delle sue relazioni istituzionali, aveva incontrato Flavio Mariani, l'imprenditore tigre. La tigre pur con la sua enorme forza, ha abdicato al ruolo di re della giungla solo per il fatto di essere solitaria. La tigre è un'abile cacciatrice che agisce in modo fulmineo ed imprevedibile. Flavio non amava la socialità, se non per mostrare la sua opulenza, tant'è che aveva investito un'enormità per costruire un contesto faraonico come sede aziendale, mostrava i suoi muscoli con la sontuosità del suo castello, che però preferiva godere da solo o al massimo con la sua "tigre femmina", la sua compagna.

Come la tigre, aveva allontanato i suoi quattro figli e, nonostante ormai fosse anziano e un po' malato, non aveva costruito la successione all'impero che aveva realizzato. Come la tigre, era stato veramente abile e fulmineo nelle decisioni e quasi sempre, era stato in grado di avere intuizioni vincenti che avevano determinato il suo successo. Si sentiva invincibile anche adesso che non era più giovane. Anche lui nonostante la ricchezza ed il potere, aveva delle evidenti zone d'ombra che non lo facevano essere felice! *Era solo!*

Chi gli stava vicino in azienda lo faceva solo perché era il padrone! Anche la figlia più giovane, nonostante la moglie avesse cercato di arginare le conflittualità, lo aveva abbandonato nella gestione aziendale ed in parte anche nella vita, perché come con i suoi fratelli maschi, anche a lei continuava a non lasciare autonomia. Solo, vecchio e malato, Flavio stava concretizzando i rischi dell'azienda padronale dove non è stata adeguatamente pianificata la successione, ovvero la perdita del valore di quello che è stato costruito. Obbligato, da motivi pratici a dover delegare, Flavio necessariamente, si doveva rivolgere alle figure, non sempre di peso, che gli erano rimaste accanto dove, probabilmente il più fedele era suo nipote Alberto che, pur volenteroso, non aveva le caratteristiche di base e la cultura per poter prendere in mano la realtà costruita negli anni da Flavio. Un contesto che, necessariamente, nel tempo, avrebbe creato la rottura della continuità imprenditoriale del progetto a favore di multinazionali

(*) Sun Tzu è stato un generale *e filosofo cinese, vissuto probabilmente fra il VI e il V secolo A.C. (tra il 722 e il 481 a.C.). A lui si attribuisce uno dei più importanti trattati di strategia militare di tutti i tempi, l'arte della guerra.*

(**) Gianluca Magi È docente di Storia e filosofia della religione indiana alla Facoltà di Sociologia Università di Urbino, dopo esser stato docente di Storia delle religioni in Cina. Studioso degli aspetti

psicologici (psicologia transpersonale) dell'induismo, buddismo, sufismo, taoismo, tantrismo. Nel 1996 fonda, in convenzione con l'Università di Urbino, la Scuola Superiore di Filosofia Orientale e Comparativa di Rimini, centro di ricerca universitaria sulla mediazione del pensiero orientale e occidentale in campo filosofico e psicologico. Dal 2005 ne è stato il direttore scientifico e dal 2013 è stato affiancato nella direzione da Franco Battiato.

IL PAVONE

L'imprenditore più curioso per il modo di essere di Cesare era Marino Rossi, l'imprenditore pavone. Il Pavone è uccello molto bello che però contrariamente a tutti gli uccelli non sa volare, è poligamo e chiaramente, ama mostrare la bellezza della sua coda per impressionare sia le femmine che gli altri animali. Marino non aveva nè le caratteristiche dell'imprenditore nè del top manager e quindi, come il pavone è un uccello che non sa volare, lui non era capace di guardare lontano e di conseguenza di lanciare le aziende ma di contro, aveva grande visibilità.

Per questo motivo cambiava spesso company, ricoprendo comunque sempre ruoli apicali nei CDA, soprattutto grazie alla visibilità che i contesti associativi gli permettevano di avere. Amava fare la ruota e quindi mostrarsi in tutti i contesti, giornalistici, televisivi e di convegni. Erano poi altri che dovevano costruire e fare. Come il Pavone era poligamo! Aveva moglie e due figli, ma aveva una particolare simpatia per il sesso femminile con il quale, facendo la ruota e quindi facendo pesare la sua posizione, aveva una notevole influenza ed anche successo. Non era bello e neanche troppo alto, tuttavia, il suo modo suadente di fare la ruota gli permetteva di avere influenza non solo sulle donne. Marino, era la personificazione del concetto che l'apparenza vale più della sostanza, almeno nel breve! Visibilità, immagine e simpatia erano le sue caratteristiche, ma a parte queste non si evidenziava nulla di quello che contraddistingueva un manager o un imprenditore. Insomma, Marino era un attore o un presentatore capitato nel mondo manageriale; tuttavia aveva l'intelligenza di conoscere i propri limiti e quindi di circondarsi di professionisti capaci che potevano portare avanti la "sostanza".

Un esempio di pavone, anche se spesso si vestiva da lupo, Cesare lo aveva avuto anche in azienda ed era stato il suo collega Carlo Antonacci. Carlo, rispetto a Marino, oltre ad essere alto e di bell'aspetto, molte qualità manageriali le aveva, tuttavia il suo esser pavone era la sua criticità. L'essere sempre circondato da figure, quasi mai sincere, che facevano in modo di confermare la sua leadership e di figure che portavano approvazione alle sue idee - indipendentemente che fossero giuste o sbagliate -, quando lui faceva la ruota, erano il suo tallone di Achille. Se a queste aggiungiamo la particolare predilezione a fare la ruota per mostrarsi bello ed importante, con tutte le figure di sesso femminile che incontrava, ed al contrario di Marino, non solo per mostrare il suo potere, si può immaginare come, il futuro del manager pavone, in un mondo di veri lupi ed altri animali feroci, se non gestito con adeguata intelligenza e furbizia, non potesse essere molto roseo.

Il GHEPARDO

Nella giungla, il ghepardo ha un ruolo di primo piano ed ha delle caratteristiche particolari. Prima di tutto, è l'unico felino cacciatore della giungla a non disprezzare la socialità. Mentre gli altri grandi felini della giungla, tendenzialmente, vogliono stare soli o comunque con il ristretto ambito della compagna e della prole, il ghepardo vive con altri esseri della stessa specie in piccoli branchi. Scambiandosi effusioni e comunicando sfregandosi il muso l'un l'altro, i ghepardi, come tutti i felini sono animali belli. Rispetto agli altri felini, il Ghepardo è più piccolo, in quanto pesa al massimo cinquanta kilogrammi, è meno muscoloso, ma più slanciato.

Insomma, il ghepardo è un'animale elegante. Nelle relazioni con il mondo industriale, Cesare aveva incontrato anche un manager ghepardo. Era una donna! Con una laurea in ingegneria chimica, ricopriva il ruolo di AD delle branch di alcuni paesi europei, tra i quali l'Italia, di una multinazionale elettronica con l'Health Quarter con sede a Boston. Aveva dovuto sgomitare con gli uomini, sia all'interno del suo gruppo, ma anche sui vari tavoli internazionali, conquistando uno spazio importante, per mantenere il quale, doveva lottare con determinazione quotidianamente. Era la corretta fotografia del ghepardo femmina che, consapevole delle proprie caratteristiche e quindi dei propri punti di forza e debolezza, era in grado di attuare le proprie strategie. Era elegante e con un passo deciso ma sinuoso, come quello di questo felino, non affrontava lo scontro nei momenti più rischiosi che, nel caso del ghepardo, è il muoversi di notte.

Il ghepardo, è noto per essere uno degli animali più veloci sulla terra, colpisce la preda non per la forza ma per la sorpresa, cosa che, Natalia Conti, questo era il nome di questa manager, sapeva fare abilmente. In un mondo di manager ad alto livello solo maschile, molto ricco di animali aggressivi come lupi o tigri, capaci però, in certi contesti, di fare la ruota come i pavoni, con il suo incedere elegante, sapeva quando era il momento di colpire.

Nell'ambito delle relazioni, era un'attenta osservatrice in quanto, come ci insegna anche Sun Tzu, l'attento osservatore, capace di studiare la preda, può coglierne le intrinseche fragilità per gestire la situazione a proprio vantaggio. Sapeva che, nel caso di situazioni che vedono la presenza di una donna in un contesto prevalentemente maschile, generalmente l'uomo si preoccupa meno dell'osservazione, concentrandosi sulla pseudo-caccia, dove, anche il manager più aggressivo, diventa manager pavone. Natalia era consapevole di ciò e per tale motivo, era estremamente attenta a nascondere o ad usare gli aspetti personali in grado di far trasparire le sue reali o presunte fragilità davanti ai pavoni. Con queste abilità ed essendo estremamente suadente nelle relazioni, era riuscita ad ottenere, poco alla volta, nel mondo industriale, dominato dagli uomini, una posizione di rilievo.

Mentre un uomo, almeno fino ai due terzi della vita, non soffre se non ha costruito una famiglia, quasi sempre invece, la donna può essere condizionata da questa mancanza. Natalia, probabilmente nei suoi pensieri, come la maggior parte delle donne, viveva i sentimenti in maniera più intensa rispetto agli uomini. Normalmente, le donne chiedono tanto al rapporto di coppia o in generale al rapporto sentimentale e sono molto condizionate dalla maternità ed in particolare dalla sua assenza, contesti che talvolta non le fa sentire completamente appagate. Se da un lato gli aspetti sentimentali o emotivi potevano essere anche per Natalia una fragilità, come il ghepardo approfitta della velocità per la caccia in campo aperto, questa pseudo debolezza, la rendeva più forte nel mondo del lavoro.

In alcune occasioni, Cesare aveva partecipato a trattative nelle quali, Natalia era presente come attore principale o coattore in quanto, magari, erano presenti anche i suoi capi. Quasi sempre, la riunione vedeva presenti solo uomini, pavoni in generale in quanto anche se leoni, nell'occasione diventavano pavoni. Natalia, consapevole che lo scontro con i leoni l'avrebbe vista perdente, in funzione del contesto, era sempre in grado di introdurre le adeguate strategie per gestire la situazione a suo vantaggio.

Come il ghepardo porta la sua preda in campo aperto, Natalia faceva scoprire le carte ai pavoni, portandoli in campo aperto. Era capace di blandirli di farli sentire sicuri e quindi aprirsi. In quel momento, era capace di diventare incalzante ed attuare la sua strategia. Come il ghepardo non si muove in una situazione di staticità della preda, appena la gazzella intuisce la sua presenza e comincia a scappare, è quello il momento in cui, il ghepardo che conta sulla sua velocità e rapidità, parte per la caccia sempre vincente.

Natalia sapeva attendere, ascoltare attenta alle grida dei pavoni, e non appena era il momento, presentava il suo piano, attentamente preparato e studiato al quale, difficilmente, era possibile opporsi.

La consapevolezza dell'animale che siamo, delle nostre forze ma soprattutto delle nostre debolezze ci

permette di essere vincenti perché capaci di attuare le nostre strategie e muoverci agilmente nella giungla.

<u>Il CRICETO</u>

All'interno dei contesti aziendali, compreso all'interno della sua e ad ogni livello, Cesare aveva identificato anche i cosiddetti manager Criceto. Il criceto è un'animale molto presente nel mondo lavorativo e quindi in tutti i contesti aziendali. Il manager criceto è simpatico, iperattivo, sempre in movimento ma, come il criceto che corre sulla ruota, anche a forte velocità senza arrivare da nessuna parte, è un personaggio che si fa vedere, interagisce, ma non combina nulla. Probabilmente non fa danni, ma di sicuro non costruisce nulla.

Di criceti in azienda ce ne sono molti, sia nel fondo che nell' alto dell'organizzazione, generalmente sono dei compagnoni che raccontano barzellette, quando ci sono gli eventi fanno spettacolo, ma poi nella sostanza non fanno nulla di utile. Cesare ne aveva conosciuti molti, sia dentro che fuori l'azienda e nel complesso, anche se lontani dal suo modo di pensare, era indulgente con loro e non ostacolava la loro presenza in quanto, sicuramente, meno dannosi rispetto ai manager o imprenditori iena.

I manager Criceto amano fare le "prime donne", i protagonisti nelle manifestazioni come i meeting aziendali, le conventions, le fiere. Sono dei veri attori che cercano il consenso, l'applauso e soprattutto se, gerarchicamente importanti, amano mostrarsi "compagnoni" nei confronti dei subalterni, mettendosi falsamente al loro livello. Tutto va bene fino quando si è in festa, ma quando nascono i problemi, i Criceti sono i primi a sparire, i primi a nascondersi. Anche il manager criceto, comunque, ha un preciso ruolo nell'eco sistema aziendale in quanto, per le sue caratteristiche, può diventare un buon elemento di trasferimento di messaggi ed informazioni e se, opportunamente istruito e preparato, può diventare un catalizzatore di strategie o piani di cui, sicuramente, sarà inconsapevole.

IL LUPO

Reali o fittizi che siano, la possibilità di incontrare manager Lupo nei contesti aziendali è abbastanza frequente. Reali o fittizi in quanto, molti manager, magari con caratteristiche di animali meno aggressivi, come ad esempio il maiale, preferiscono mettersi la maschera da lupo per risultare, managerialmente, credibili. Il lupo è, tra tutte le specie selvatiche della famiglia dei Canidi (ordine Carnivora), l'animale di maggiori dimensioni. Della famiglia dei Canidi, i lupi sono senz'altro quelli più evoluti. La loro organizzazione sociale è altamente strutturata e regolata da un sistema di comunicazione e interazione di gruppo difficilmente riscontrabile nel regno animale. Il branco ha dimensioni molto variabili, mediamente composto da 8 elementi. Il lupo ha una struttura snella e robusta e le dimensioni ed il peso ricordano quelle di un pastore tedesco. Si muove velocemente, è un ottimo nuotatore, ha un fiuto infallibile oltre ad avere un'ottima vista. Infatti, di notte, il suo angolo di visuale è di 270° contro i 180° dell'uomo.

Nei contesti aziendali, il vero manager lupo, sia internamente che esternamente all'azienda, è un avversario veramente temibile. Veloce, intelligente, con fiuto e visione, sà come muoversi. All'interno dei contesti dove, realmente è riconosciuto come leader, chiaramente può contare oltre che sulla sua personale forza anche su quella del branco. Individuare il manager lupo e su di lui costruire una specifica strategia non è cosa semplice, ma è fondamentale quando si esce dalla vera e propria giungla per entrare nel bosco, che all'apparenza può sembrare meno pericoloso. Cesare, aveva avuto a che fare con molti lupi e con il tempo, forse tardi, avrebbe capito che l'Amministratore Delegato del gruppo Furoni, Alessandro Montanari era capace di trasformarsi in un vero, pericoloso e spietato lupo.

Cesare, in quasi quarant'anni di attività manageriale, aveva avuto modo di incontrare molti imprenditori, ma soprattutto managers che, indipendentemente dall'animale che meglio ne rappresentava le singole caratteristiche, erano uomini o donne di pregio, seri e capaci di costruire valore per l'azienda per la quale lavoravano, per chi quotidianamente ci lavorava, ma soprattutto per il sistema paese. Manager camaleonti, in grado di occuparsi in maniera positiva e con competenza di tipologie diverse di business, valorizzando le migliori caratteristiche dell'animale che li rappresentava. Manager capaci di lasciare il segno del loro passaggio e con i quali Cesare aveva costruito un grande feeling di rispetto.

GIUNGLA E STRATEGIA DI SOPRAVVIVENZA

Le giungle aziendali hanno uno scenario ricco di animali più o meno grandi, più o meno pericolosi. E' per tale motivo che la vita aziendale, ma in generale quella che vede contesti complessi con al centro più individui con livelli di potere effettivo o occulto diverso, necessita, sia per sopravvivere ma soprattutto se si vuole emergere, di una specifica strategia. Strategia, con la quale portare a termine obiettivi pianificati nel medio e lungo periodo.

La vita aziendale, è come scalare un'alta vetta. L'obiettivo principale è raggiungere la cima, ma è necessario pianificare gli obiettivi intermedi collocati nel tempo e quindi, immaginare l'adeguata strategia.

che deve tener conto di tutti i fattori che possono favorire o ostacolare il raggiungimento della cima. Strategia che deve prevedere, oltre all'eventuale necessità di poter cambiare il percorso, anche le caratteristiche di chi ci accompagna nell'impresa, visto che il fattore umano, è sempre l'elemento principe. La vita in azienda è la scalata, dove oltre al tempo, al fattore umano di chi è in cordata con noi, ai crepacci che ci obbligano a cambiare strada, ci sono anche animali più o meno feroci che, nei casi più semplici possono distrarci, nei casi più gravi, azzannarci o farci cadere.

Come portare avanti la vita in azienda? Mantenendo chiaro il percorso e la nostra strategia, anche pronti a modificarla, ma sempre senza perdere di vista l'obiettivo, quindi, non abbassando mai l'attenzione. Cesare questo lo sapeva bene e come tutte le persone guidate prevalentemente dalla razionalità, era sempre attento a non perdere mai di vista la vetta. Come in ogni contesto, la conoscenza è poi qualcosa di indispensabile. Bisogna conoscere flora e fauna che occupano l'ambiente nel quale ci si muove, bisogna conoscerne la conformazione e le singole aree di pericolo.

Navigare può essere relativamente semplice soprattutto con gli strumenti moderni. Tuttavia, se si guastano gps ed ecoscandaglio, non si sa usare la bussola ed il viaggio non è stato pianificato bene sulla carta nautica, l'approdo può essere molto rischioso. Si può incorrere in secche o peggio in scogli con il rischio di affondare.

Continuare ad approfondire la conoscenza del business o dei business, analizzandone punti di forza e di debolezza, è fondamentale, come è fondamentale avere chiari, i propri punti di forza e debolezza e le reali potenzialità dell'organizzazione che si guida, elementi, senza i quali, di fatto, è come navigare senza gps e senza carta nautica.

RAZIONALITA' ED EMOTIVITA'

*"C'è sempre un un fiore, una nuvola, un brivido a
scombinare la tua razionalità"*

Fabrizio Caramagna

Cesare era spaventato dalle emozioni, perché era convinto lo facessero diventare debole. Effettivamente, le sue esperienze lo avevano portato a non credere nell'amicizia e forse anche nell'amore! Sull'amore Jolanda, che era invece emozione allo stato puro, era riuscita, con molta fatica a fargli cambiare la prospettiva e far sì che non si sentisse debole quando, al di là della passione, il sentimento che provava per lei riempiva la sua vita. Per poche volte nella sua vita Cesare, aveva fatto si che l'amicizia prendesse il sopravvento facendogli abbassare la guardia, ed in queste occasioni, aveva portato a casa sempre, delusioni e frustrazioni veramente importanti. Cesare, considerava i rapporti tra le persone, esclusivamente legati dalla convenienza del momento e dalla possibilità di uno scambio paritetico, ma su cui non si può o deve contare nel tempo, in quanto il rischio di portare a casa un danno è molto forte. Di conseguenza, Cesare aveva sempre cercato di combattere le emozioni che comunque sentiva, ma che non voleva emergessero, preferendo piuttosto sembrare freddo ed insensibile. Cesare non piangeva nei momenti di disperazione, o almeno non piangeva in pubblico, come aveva fatto quanto suo padre era venuto a mancare. Era ormai notte quando, sua mamma, lo aveva svegliato. Era una notizia attesa, vista la nefasta e lunga malattia, ma Cesare aspettò la notte fonda ed essere solo, per lasciarsi a andare e piangere in silenzio. Solo poche volte nella sua vita, Cesare si era trovato a piangere da solo, ma di sicuro si era imposto di non farlo per i tradimenti di quelli che si erano spacciati per amici. Per questi tradimenti si era arrabbiato, aveva reagito, ma mai pianto!

"È più facile stimolare nell'uomo la sua emotività che non la sua razionalità"

Oscar Wilde

*"Le persone capitano per caso
nella nostra vita,
ma non a caso.
Spesso ci riempiono di insegnamenti.
A volte ci fanno volare alto,
altre ci schiantano a terra
insegnandoci il dolore…
donandoci tutto,
portandosi via tutto,
lasciandoci niente."*

versi tratti dalla poesia
"Le persone capitano per caso"

Alda Merlini

L'AMICIZIA

*"L'amicizia comincia dove termina o quando
conclude l'interesse."*

Cicerone

Nella sua vita Cesare era arrivato alla considerazione, ormai certezza, che l'amicizia non esiste. Ci sono relazioni più o meno approfondite, ci sono relazioni che si consolidano nel tempo, ma portare queste, ad una logica di sentimento, vede una strada lunga e tortuosa. Stima, rispetto e confidenze più o meno libere o sincere, sono le peculiarità di frequentazioni abituali soprattutto in ambito lavorativo. Tuttavia, per trasformare una frequentazione in amicizia, bisogna che ci sia disponibilità, da entrambe le parti, a spendersi disinteressatamente, per l'altro, a supportare in ogni modo l'altro quando ce ne sia la necessità! Cesare, questo scambio non lo aveva mai trovato se non con un secondo fine!

Spesso capita di leggere del confronto tra Amore ed Amicizia e l'abbinamento dei due sentimenti è assolutamente corretto, perché quando ci sono, sono puri e disinteressati. Mentre nell'amore, con Jolanda, Cesare aveva trovato questo, non poteva certo di dire di aver potuto contare su amici, in quanto, nella migliore delle ipotesi, quelli che si erano manifestati come "pseudo amici", erano spariti nel momento del

119

bisogno, ovvero quando sarebbe servita anche solo una vicinanza non materiale, ed in più occasioni, erano stati proprio quelli che lo avevano pugnalato alle spalle. D'altro canto, che l'amicizia sia un concetto molto delicato lo dice la storia. Nell'antica Roma, il suo blasonato omonimo era stato molto cieco nei confronti dell'amicizia, addirittura perdonando per più di una volta Bruto che viveva nell'invidia e in più occasioni, aveva dimostrato di non essergli fedele. Una sudditanza nei confronti dell'amicizia e della riconoscenza che lo aveva portato alla morte.

Pietro Grassi, era stato il primo grande tradimento, sulla presunta amicizia, che Cesare aveva portato a casa. Erano ancora all'università ed avevano hobbies in comune soprattutto in ambito sportivo. A quell'epoca erano entrambi giovani agonisti nei gradini più alti del panorama delle arti marziali in Italia, si allenavano su tatami diversi ma, spesso, si erano scontrati e quasi sempre, Pietro ne era uscito vincente! Si rispettavano e poco alla volta la loro frequentazione era diventata più intima. Nella pratica sportiva agonistica, Pietro probabilmente era più dotato, ma Cesare, dalla sua, aveva più testa e quindi la strategia.

Passavano molte ore insieme, Pietro era diventato uno di famiglia a casa di Cesare visto che, probabilmente, trovava un'ambiente più disteso rispetto a quello che aveva a casa propria. Pietro era figlio unico e suo padre, era un'uomo parecchio introverso che, ormai pensionato ed anche un po' malato, amava stare da solo. Sua mamma molto fragile non riusciva a scuotere il marito e chiaramente, soffriva della situazione cupa che aleggiava nella loro casa. La frequentazione assidua per parecchi anni e la condivisone di passioni comuni, aveva determinato un grande feeling tra loro due, con supporto reciproco in situazioni complesse.

A posteriori, probabilmente, quel rapporto non era paritetico, perché Cesare, avendo molta ammirazione nei confronti di Pietro, si poneva in una posizione di leggera inferiorità rispetto all'amico. Questo, Pietro lo aveva chiaro, condizionando molti dei pensieri del giovane Cesare. Pietro era stato molto vicino a Cesare quando suo padre si era ammalato, e lo era stato fino quando era venuto a mancare. Cesare, per questo gli era molto riconoscente. Tuttavia, il fatto che il pilastro della famiglia Perego, non ci fosse più, aveva fatto emergere il senso di responsabilità di Cesare, che si sentiva sulle spalle l'obbligo di prendere in mano le redini della famiglia, rimettere in discussione la propria vita, fino a quel momento senza troppi problemi e ribaltarla con determinazione.

Probabilmente, questo nuovo Cesare, determinato e di carattere che si stava lanciando con successo nel mondo del lavoro ed anche nella pratica sportiva ed agonistica che li accomunava, stava raccogliendo più soddisfazioni di lui, aveva modificato l'equilibrio precedente con nuovi paradigmi, creando in Pietro una situazione di disagio. Nonostante Cesare cercasse di stargli vicino e comprendere questo malessere, del quale, solo dopo molti anni, sarebbe riuscito ad inquadrarne le motivazioni, Pietro Grassi, improvvisamente sparì ed evitò, da quel momento, tutti i luoghi e le persone comuni ad entrambi. Cesare, dopo vent'anni, tramite il lavoro e comuni conoscenze, trovò il modo di ricontattarlo.

Andarono a cena come se mai nulla fosse accaduto parlando delle esperienze vissute insieme. Dopo quella cena veramente gradevole, Pietro sparì nuovamente senza nessuna spiegazione, probabilmente invidioso di quello che Cesare era diventato, della compagna che aveva a fianco e della sua nuova vita.

L'invidia non può far parte dell'amicizia!

Walter fu per Cesare la seconda pugnalata nell'ambito di una pseudo amicizia, quasi simile a quella di Bruto, nell'antica Roma. Con Walter e sua moglie, Cesare aveva una frequentazione abbastanza assidua.

Si erano incontrati per caso e da là, era nato un buon feeling. Quando il padre di Cesare venne a mancare, Walter, tramite le sue conoscenze lo mise in contatto con una società che ricercava giovani manager, società nella quale Cesare entrò con successo creando, dopo due anni, il trampolino per lo sviluppo della sua brillante carriera. Di questo Cesare era molto grato a Walter, tant'è che, quando si vennero a creare specifici presupposti per una nuova attività imprenditoriale, nonostante Walter fosse completamente digiuno dello specifico business, Cesare lo prese pariteticamente in società.

Gli insegnò il mestiere e gli affidò autonomie e responsabilità. Walter, dopo qualche anno si sentiva ormai paritetico a Cesare. Essendo stato messo in minoranza su una specifica decisione strategica sul business che Cesare gli aveva insegnato e del quale era certamente molto esperto, si risentì particolarmente e cominciò a tramare contro Cesare.

Portò dalla sua parte alcune figure chiave dell'organizzazione e costituì una sua realtà in concorrenza a quella dove operava con Cesare, uscendo dalla società. Di fatto, il danno che Walter aveva creato con questa scissione non era enorme, tuttavia era il tradimento inaspettato subito da Cesare, che disgustato, lo portò a cedere ad altri, l'attività che aveva lanciato con Walter.

Oltre vent'anni dopo, anche Marcello si dimostrò un grande traditore. Cesare lo aveva aiutato a lanciare una start up, fornendogli consigli ed aiuto. Marcello lo aveva voluto nella stat up con ruolo apicale cosa che, Cesare, non gradiva in considerazione del fatto che, era già molto impegnato con l'attività manageriale di Hesperia. Tuttavia, come se si trattasse del fratello minore, vista la grande differenza d'età tra di loro, volle dargli fiducia ed accettò quello che Marcello gli chiedeva, supportandolo parzialmente e suggerendogli come muoversi. Inaspettatamente, dopo qualche anno, a seguito di un controllo approfondito, era emerso che Marcello, aveva creato dei buchi finanziari importanti il cui ristoro, veniva richiesto a Cesare.

Chiaramente alla tristezza di dover affrontare un nuovo inaspettato tradimento, Cesare dovette affrontare il problema legale ed economico per riuscire a ribaltare su Marcello il contesto di cui era responsabile, cosa che, anche se con grande fatica, almeno in parte, riuscì, ma non senza lasciare un segno profondo.

Se in generale nella vita, il concetto di amicizia era un qualche cosa in cui Cesare non credeva, di sicuro questo sentimento, nel mondo del lavoro, non aveva senso di esistere. Nel mondo del lavoro, è assodato che i rapporti tra persone sono esclusivamente legati ad uno scambio ed alla gestione del potere, sia come influenza che riconoscenza. Per Cesare questo era un must, ma nonostante ciò, con Alessandro Montanari, che all'interno del contesto lavorativo, in un dato momento, era diventato il suo diretto superiore, nacque poco alla volta un notevole feeling, una stima reciproca e sicuramente una simpatia.

Alessandro e Cesare per anni lavorarono quasi quotidianamente assieme, definendo importanti strategie sulle attività e sulle persone di tutto il gruppo. Incontri che, erano stati fondamentali per il successo dell'azienda, per la sua espansione nel mondo, per l'espansione dei business e per il raggiungimento dei risultati economici.

Incontri nei quali, abilmente, durante le lunghe ore di confronto, Alessandro aveva fatto sue alcune posizioni di Cesare che, magari all'inizio, aveva contrastato o non condiviso. Il fatto di essere anagraficamente vicini, la certezza da parte di entrambi che Cesare, per età e consapevolezza delle competenze, per nessun motivo ambiva o poteva ambire alla posizione di Alessandro, l'avere una visione simile dell'azienda e del contesto lavorativo, aveva determinato che, poco alla volta, Cesare abbassasse la guardia con Alessandro, convinto che la cosa fosse reciproca.

Cesare, per Alessandro, fu fondamentale e non solo per la sua solidità manageriale ed i risultati che gli aveva assicurato, ma anche per l'evoluzione mentale e strategica che Cesare trasferì ad Alessandro dal punto di vista relazionale. Elementi che furono indispensabili ad Alessandro per attuare le strategie di "assalto" al vertice, che poco alla volta portò a termine con successo a discapito di tutto e di tutti, compreso Cesare, che in un determinato contesto calpestò, per favorire l'opzione che gli permetteva di portare a segno il suo disegno. Questo tradimento di Alessandro, lo colpì professionalmente anche se fece più infuriare Jolanda che Cesare. Interpretando il contesto generale, Cesare infatti, pur rattristato, trovò il modo di giustificare la scelta di Alessandro.

La seconda pugnalata da parte di Alessandro, molto più letale di quella di Bruto nell'antica Roma, arrivò in un momento di grande difficoltà, in uno di quei momenti in cui, mentre scali la montagna una frana enorme ti investe. Nel contesto cominciato in quell'alba, che professionalmente e non solo, stava mettendo ed avrebbe messo veramente in crisi Cesare, Alessandro sparì, non facendo nulla per aiutarlo anche solo moralmente, lasciandolo di fatto solo al suo destino, nonostante, lo scenario di crisi fosse generato da un contesto lavorativo che come sempre, tutti conoscevano e sapevano non contenere alcuna reale criticità.

Una pugnalata che moralmente ferì profondamente Cesare. Un'azione che dimostrò chiaramente che, la falsità con cui Alessandro aveva coperto con una presunta amicizia, era solo uno strumento per raggiungere il suo personale obiettivo.

Pur riuscendo a distinguere le iene o le tigri da criceti o lombrichi, che sono forse la categoria più presente in azienda, ovvero l'essere che c'è, non si vede ma non si capisce, a meno di essere pescatori, a cosa serva, Cesare preferiva tenere le distanze adeguate da tutti. La cosa l'aveva costruita nel tempo sia verso l'alto, ovvero i suoi superiori, che verso il basso, ovvero i suoi collaboratori. Cesare manteneva sempre con tutti l'atteggiamento formale, con uomini e donne (contrariamente ad alcuni suoi colleghi che con le donne erano maggiormente disponibili) dando a tutti del "lei".

Senza comunque abbassare mai la guardia, dava del "tu", solo ai suoi diretti colleghi, fondamentalmente per non creare barriere e facendo credere di avere una relazione privilegiata. In tutti i casi, a tutti i livelli, le figure aziendali che potevano vantare "il tu" di Cesare si contavano al massimo sulle dita di due mani. L'altro aspetto, che di fatto poteva essere anche un pregiudizio che guidava i pensieri di Cesare, nasceva certamente dall'educazione e da quello che gli aveva trasmesso suo padre: la catalogazione del genere umano.

Cesare non era un credente ma, era convinto che indipendentemente dal fatto che ci fosse o meno un'altra vita dopo la morte, il nostro passaggio sulla terra ha un senso, solo se siamo in grado di lasciare un segno tangibile del nostro passaggio. Insomma, un segno che possa garantire una sorta di immortalità della nostra immagine.

È evidente che l'affetto, di chi ci sta vicino, resta anche dopo il nostro passaggio terreno, ma oltre questo, Cesare riteneva che fosse fondamentale realizzare qualcosa di tangibile, una sorta di monumento del nostro passaggio, universalmente riconosciuto. D'altro canto, ci sono una quantità di esempi, più o meno famosi che mostrano questo. Tralasciando i grandi scrittori, i grandi pittori, i grandi scultori che ci hanno lasciato opere immense, ci sono anche musicisti e non solo classici, che lasciano tracce indelebili nel tempo e nelle nostre vite. Ma non vanno trascurati gli scienziati i ricercatori che lasciano il loro nome a scoperte in grado di influire sull'esistenza di tutto il genere umano, ma anche i grandi ingegneri ed i grandi architetti che hanno costruito e che costruiscono palazzi o opere ed infrastrutture che cambiano il volto della terra e delle nostre città.

Ma tra coloro che lasciano un segno tangibile del passaggio terreno, ci sono anche coloro che hanno influenza sui contesti sociali ed economici, che creano prosperità nel tempo per molte persone, cambiando i paradigmi nei vari ambiti. Cesare era molto convito di ciò, ed era per questo che provava repulsione verso coloro che sperperavano il proprio prezioso tempo, al bar o al circolo parlando e magari litigando, di nulla che possa essere considerato costruttivo.

Claudio, il padre di Cesare, era stato un architetto che aveva anche la laurea in ingegneria. Insomma, un personaggio capace di razionalizzare la creatività.

Intuitivo e solido, aveva progettato strutture e palazzi assolutamente innovativi che era impossibile non notare e restavano nel tempo come sculture. Da questo punto di vista, la frustrazione di Cesare, era il fatto di non avere le caratteristiche e le competenze del progettista, tuttavia, era certo che, con il suo modo di essere, con i suoi comportamenti e con quello che aveva costruito, avrebbe comunque lasciato il segno del suo passaggio terreno nel mondo industriale. Un segno tangibile per come aveva trasformato e valorizzato i mercati nei quali in quarant'anni aveva operato e l'azienda che aveva raccolto da neonata. Questo era il pensiero su cui era concentrato e su cui aveva costruito, via via, i propri obiettivi degli ultimi trent'anni.

"Amici, pochi. In un modo o nell'altro riescono sempre a ferirmi, o a tradirmi: ed esser traditi in amicizia è molto peggio che esser traditi in amore."

Anna Magnani

IL MAESTRO

"La vita stessa è il nostro maestro."

Bruce Lee

Dedicarsi ad analizzare le peculiarità e le caratteristiche della filosofia orientale e di tutto quello che in qualche maniera, ne è influenzato, è estremamente avvincente! E' avvincente perché, i punti di vista ed i capisaldi su cui si basa la visione orientale, spesso sono molto distanti dallo spirito occidentale con il quale quotidianamente ci confrontiamo. Il rispetto degli altri, il culto del passato, la maniacale ricerca della perfezione, la ricerca dell'armonia con la natura, la saggezza, l'etica e la moralità, l'auto-realizzazione, la meditazione e la comprensione della natura dell'esistenza, sono alcune delle peculiarità, che spesso, si discostano dal modo di pensare ed agire occidentale, basato molto sulla logica e sull'indagine razionale.

L'incontro pratico tra la cultura orientale e quella occidentale, lo si riscontra tra il 1960 ed il 2003 periodo nel quale, l'incontro diventa pratico, con l'interesse verso la visione spirituale e della meditazione, generando la diffusione dello yoga, dello zen e delle Arti Marziali. Caratteristica e peculiarità della visione orientale è, la fondamentale figura del Maestro, che rappresenta l'icona, il modello da imitare. Il Maestro rappresenta l'esperienza, la conoscenza, la saggezza, la guida che permette ai suoi allievi di perseguire un percorso continuo di automiglioramento, l'autorealizzazione. Quando Cesare approdò per puro caso su un tatami (*) di Karate, era la metà degli anni Settanta e fu immediatamente colpito dal fascino che la figura del Maestro emanava. Occhi magnetici, determinazione, e leadership, uniti alla competenza tecnica ed alla capacità di illustrare i concetti, coinvolsero emotivamente Cesare, spingendolo ad iniziare subito la pratica di questa arte marziale.

L'incontro con il Maestro fu veramente importante per Cesare, un'incontro che gli permise di iniziare un cambiamento dei punti di vista, di comprendere alcuni aspetti della cultura orientale, con i quali declinare, in maniera diversa, la cultura occidentale. Con la pratica dell'Arte Marziale, Cesare ebbe l'opportunità di incontrare altri Maestri; Maestri orientali e Maestri occidentali, ognuno dei quali era in grado di trasferire storia, esperienze emozioni e declinare anche i dettagli, sempre con punti di vista diversi. Negli anni di pratica, Cesare ebbe l'opportunità di incontrare Maestri non solo connessi alle Arti Marziali, ma anche ad attività probabilmente stravaganti per gli occidentali. Conobbe un maestro giapponese di cerimonia del The, un maestro di Ikebana, l'arte di disporre i fiori, ed un maestro di Origami, l'arte di piegare e dare forma alla carta. Arti antiche, tra loro completamente diverse e con obiettivi diversi, di non facile comprensione per gli occidentali, tuttavia accomunabili alle Arti marziali - relativamente più facili da comprendere nello scopo - per la ricerca della perfezione del gesto, attraverso un'ossessiva, ma efficace ripetizione nel tempo. Indipendentemente dall'arte praticata e tramandata, il Maestro orientale non è solo un'allenatore o un'insegnate in senso lato, ma una guida che, oltre la tecnica, forgia la mente, l'autorealizzazione, costruisce il rispetto universale.

Il Maestro è comunque un'uomo, con i suoi pregi ed i suoi difetti, che sicuramente usa la propria esperienza, il proprio vissuto, per interagire con i suoi allievi. Un'uomo, che non può accontentarsi solo di quello che sà o sà fare, ma che deve sempre, prima di tutto, pensare alla propria evoluzione tecnica, mentale e di spirito. Il Maestro quindi è un leader che ha un grande potere sui suoi allievi e Cesare, nel tempo, aveva trovato una notevole somiglianza, tra il concetto di Maestro in oriente ed il Manager in azienda, somiglianza che nei concetti e nello spirito, aveva declinato nella sua vita professionale.

Quindi dietro ogni Maestro, c'è un'uomo con il suo bagaglio di esperienza umana e tecnica, un'uomo che, per essere Maestro deve conoscere alla perfezione le sue qualità, saperle coltivare ed avere la capacità di migliorarsi sempre nei lati deboli e nella ricerca continua della perfezione. Nella pratica e nella frequentazione dei vari Maestri, orientali ed occidentali, aveva riscontrato come, più era alto il valore del Maestro meno emergeva l'uomo.

La declinazione della figura del Maestro già difficile per gli orientali, in occidente si scontra con i retaggi della cultura, ed a parte pochi casi, l'essenza ne viene snaturata. In occidente la maggior parte di coloro che si definiscono o vengono etichettati come Maestri, nella migliore delle ipotesi, sono bravi tecnici, ma solo pochi sono in grado di trasferire e plasmare i propri allievi, a 360 gradi nel corpo e nella mente, con quelle caratteristiche positive, che la cultura orientale e la relativa filosofia, sono in grado di fornire. Fornire quegli elementi, capaci di aprire la mente a noi occidentali con logiche e spunti diversi ed in parte, forse, più profondi rispetto a quello che, in generale, la nostra cultura ci propone.

Su quel tatami nel lontano 1970, Cesare aveva incontrato Carlo, con il quale si era allenato per tantissimi anni. Insieme avevano progredito con i vari passaggi tecnici fino a diventare entrambi cintura nera, fare i vari passaggi di Dan, diventare prima istruttori e poi maestri di Karate. Cesare e Carlo, si erano allenati per molti anni insieme, anche sul tatami del Maestro Hiroshi Shirai, ma poi si erano persi di vista a seguito di quello che, i fatti della vita, ci riserva. Mentre Cesare, poco alla volta, aveva abbandonato l'insegnamento per potersi dedicare al suo lavoro, che lo portava anche frequentemente all'estero per lunghi periodi, Carlo aveva continuato a frequentare il prestigioso tatami del Maestro Shirai, sforzandosi di carpire le positività del suo modo di pensare, comunque attento a tralasciare le molte contraddizioni che spesso emergevano, soprattutto dai colleghi che per primi avevano iniziato la pratica. Chi aveva l'occasione di frequentarlo, dentro o fuori dal tatami, poteva accorgersi che di fatto, Carlo, era stato capace di assimilare buona parte dell'essenza profonda con la quale gli orientali identificavano il concetto di Maestro.

"Un maestro non è chi insegna qualcosa, ma chi ispira l'alunno a dare il meglio di sé per scoprire una conoscenza che già possiede nella propria anima."

Paulo Coelho

Erano passati alcuni anni dall'ultima volta che si erano incontrati, ma quella mattina Carlo, aveva telefonato a Cesare, dicendogli che era a Milano, chiedendogli se fosse libero per un'aperitivo. Cesare aveva risposto affermativamente con entusiasmo. Rivedere Carlo, che considerava uno dei pochi occidentali degni di chiamarsi Maestro, per l'umiltà, la serietà e perseveranza con cui affrontava la vita, lo rendeva euforico. Carlo viveva in Toscana, o meglio sulle colline tra l'Emilia e la Toscana, a stretto contatto con la natura, insegnando ai suoi figli una visione frugale della vita, con tanta attenzione verso le cose semplici. Il viso di Carlo mostrava in maniera evidente i segni del tempo e delle sofferenze che questo aveva portato.

Fisicamente imponente, il suo volto sembrava realizzato dai colpi di uno scultore su una lastra di granito, anche perché Carlo era realmente duro come il granito. *"OSS (**)"* disse Cesare sorridendo quando vide Carlo che, con un sorriso pieno di simpatia gli andò incontro per abbracciare il vecchio amico.

"Come stai vecchia roccia" disse Carlo, *"Ti vedo veramente in forma e come sai, mi riferisco sicuramente al lato fisico ma soprattutto all'energia positiva che percepisco!" "Tu sei sempre uguale, caro Carlo, il tempo sembra non passare mai per Te"* disse Cesare *".....credo che realmente hai trovato il segreto della vita perfetta"*.

Dialogarono per un'oretta dei rispettivi avvenimenti degli ultimi anni, parlando, principalmente, delle loro famiglie ed in particolare dei loro figli. Carlo aveva perso la moglie Anna una ventina d'anni prima, quando i tre figli erano sicuramente in un periodo ancora delicato, ma Carlo era riuscito a farli crescere bene, a farli studiare ed a sistemarli secondo le loro aspirazioni. Carlo non si era più risposato. Poi c'era stato l'incidente che, gli aveva portato via il figlio più piccolo. Un fatto che aveva impattato pesantemente su Carlo. Si era chiuso molto in se stesso, ritirandosi, poco alla volta, a seguire la sua tenuta agricola tra animali e coltivazioni semplici, insegnando, "il suo" Karate e la meditazione, ad un piccolo gruppo di fedeli allievi. Parlarono del Karate, delle contraddizioni, palpabili in ogni occasione, contraddizioni di fatto molto spesso, generate dalle peggiori caratteristiche di ogni singolo uomo che si credeva Maestro.

"Sai Cesare, ormai mi sono convinto che, sono proprio queste contraddizioni ed incongruenze che vivo ogni volta che lascio per qualche giorno la mia terra e la mia casa, per incontrare i colleghi ed allenarmi con il Maestro, che mi aiutano a crescere e capire sempre di più, il senso della vita. Non sono infatti le soddisfazioni, ma bensì le grandi delusioni che credo mi abbiano permesso e mi permettano, di guardare con distacco tutto quello che vedo succedere nel mondo, sia vicino che lontano da me e dalla mia famiglia."

"Sicuramente riuscire a combattere e reagire alle avversità è una buona medicina" disse Cesare, *"...e devo dire la verità che, anche se con dispiacere, è proprio per quello che mi stai dicendo, che ho deciso di fare Karate per mio conto, evitando tutti i tatami e*

l'insegnamento, del quale non mi sento più degno. Comunque, tieni conto che le incoerenze del genere umano, le trovi in ogni contesto sociale. Io in azienda, lo vivo tutti i giorni e tutti i giorni vedo, come quasi sempre, è il peggio dell'uomo, non il meglio, a guidare i singoli momenti e le scelte".

Parlarono con allegria dei fatti del passato che li aveva visti insieme, parlarono di Vittorio, il Sempai (***) con il quale si erano allenati per vent'anni e Carlo, aveva continuato seguire anche quando Cesare aveva preferito dedicarsi alla sua attività manageriale. Carlo, si era allontanato da Vittorio negli ultimi tre anni, nei quali, il dolore per la perdita del figlio, aveva piegato la sua dura scorza. Di loro tre, solo Vittorio aveva ottenuto il grado di settimo dan, mentre erano ormai passati quindici anni, da quando entrambi, avevano ottenuto il grado di sesto dan, un paio d'anni dopo da quando era stato assegnato a Vittorio. Nel Karate i passaggi di grado avvengono, fino al quinto dan, attraverso un'esame, mentre dal 6° dan in poi il passaggio è, fondamentalmente onorifico, non sostanziale, ed è determinato dalla valutazione della commissione tecnica federale. In generale, ogni passaggio di dan successivo al 6° viene assegnato dopo una decina di anni di pratica.

"Tu mi conosci Cesare" disse Carlo *"...non ho mai inseguito il dan! Ho fatto Karate principalmente per me e per quello che potevo dare agli altri e*

sinceramente, il passaggio al settimo dan, non rientrava nei miei pensieri. Poi una settimana fa mi ha telefonato Vittorio, che non sentivo da qualche mese ed a dire la verità, in un primo momento, è stato bello per me sentire il nostro sempai. Pensavo mi chiamasse per sapere come stavo, se mi ero ripreso dalla morte di mio figlio, ma invece Vittorio è stato capace di sorprendermi". "Ciao Carlo come stai? È un po' che non ci vediamo, è un po' che non ti vedo sul tatami!" aveva esordito Vittorio. "L'altro giorno mi ha chiamato la federazione per dirmi che avevano pensato di assegnarti il settimo dan". "Per un momento sono rimasto sorpreso e contento, caro Cesare, anche perché, nonostante la mia mente sia presa da altre riflessioni, siamo uomini ed ogni tanto, anche le cose insignificanti, come un grado onorifico, possono dare piacere, ma la sorpresa è arrivata subito dopo".

Vittorio, ha continuato dicendomi che, essendo lui uno dei membri della commissione tecnica nazionale, specificatamente interpellato, ha dato un parere negativo in quanto da diverso tempo non mi alleno con i vecchi maestri, parere che, essendo anche il mio senpai, ha avuto un peso decisivo.

"Caro Cesare, dopo aver sudato con noi sui tatami, dopo vent'anni come senpai ed in parte come amico, Vittorio, che conosce buona parte dei fatti della vita che ci hanno segnato, mi telefona per sottolinearmi che, su una cosa che poteva farmi

piacere ed alla quale non pensavo, più di forma che di sostanza, lui l'ha impedita! Beh, per quanto robusto, non posso dire che la cosa mi abbia fatto piacere. E guarda che, non mi riferisco al passaggio di grado. Sinceramente, il fatto che mi abbia chiamato, per specificare che era lui che aveva dato un parere negativo e questo parere aveva bloccato questa opportunità, è stata per me l'ennesima delusione portata dal genere umano, delusione che mi fa amare ancora di più la natura ed i miei animali".

"Mi spiace Carlo e ti capisco, ma non mi meraviglio più di nulla! Sai negli anni abbiamo visto i nostri colleghi chiamati Maestri, fare tante fesserie, l'ignoranza, la presunzione e la ricerca del potere hanno mostrato il peggio di coloro che forse avrebbero dovuto concentrarsi sull'essenza del ruolo del Maestro e non sulle bassezze che, come in questo caso, Vittorio ha mostrato, evidenziando il peso del suo ruolo nei confronti di un'amico. Penso che Vittorio, faccia parte di quel nutrito esercito di uomini, praticanti o meno l'Arte Marziale, che vivono nel piccolo, consapevoli che il mondo non si è accorto della loro esistenza e soprattutto, sarà difficile trovare, in futuro, una traccia tangibile del loro passaggio terreno".

Chiacchierarono ancora per un'oretta sorseggiando una birra e si ripromisero di non lasciare passare molto tempo prima di rivedersi, anche se entrambi, sapevano che non sarebbe stato così facile, ma tuttavia consapevoli che, il legame li univa, anche se distanti, non era banale. *"Oss, Cesare"*, *"a presto Carlo e quando vedrai o sentirai Vittorio, cerca di avere compassione della sua piccolezza. Forse un giorno la capirà"*.

"Il potere rivela l'uomo"

Biante

*(*) Il **tatami** (畳[2]) è una tradizionale pavimentazione interna giapponese composta da pannelli rettangolari modulari, generalmente in legno o in paglia intrecciata e pressata. Il tatami è il pavimento del dojo dove ci si allena scalzi.*

*(**) – **OSS** – Un termine che completa il cerimoniale del saluto di inizio e fine lezione, ma che è utilizzato quotidianamente nella pratica del Karate, è la parola "OSS". Il termine originario era OSU, utilizzato per esprimere più cose che vanno dal saluto, al commiato, al grazie o come segno di comprensione a una spiegazione del Maestro. L'ideogramma che raffigura l'O significa "spingere" e simbolizza il massimo dello sforzo che si è in grado di dare. Il suffisso SU significa "perseverare tenacemente". OSU è dunque un impegno morale a far sempre del proprio meglio e a perseverare nel tempo. SU da solo, significa anche "stare in silenzio" e questo carattere è composto da due radici che significano "lama" e "cuore". Il concetto di perseveranza dei giapponesi comprende quindi l'idea di rimanere in silenzio anche se il cuore viene passato da una lama; in altre parole, considerando più ampiamente la vita e le sue molteplici difficoltà, può intendersi come "Io passo attraverso la sofferenza", oppure "Io passo attraverso la gioia", o ancora "Io passo attraverso tutto".*

Il Karate è un Arte che richiede una gran parte di autoriflessione, e l'autoriflessione ha più a che fare con profonde verità apprese direttamente strada facendo che con premi o gratificazioni estemporanee. Ogni volta che pronunciamo OSS o OSU, ricordiamoci quindi che è un impegno a lavorare intensamente, e a perseverare consapevoli che stiamo facendo qualcosa per noi stessi e non per avere gloria, riconoscimenti e onori. <u>Se ogni volta che pronunciamo questa parola ci sentiamo onesti nel cuore ed orgogliosi di noi e di quello che facciamo, allora possiamo pensare di essere sulla strada giusta.</u>

押忍 OSS! (Io passo attraverso la sofferenza)

(***) La parola senpai è strettamente legata a un altro termine, kohai. Già dai caratteri si capisce come viaggino in coppia.

Senpai si scrive 先輩, *dove* 先 *sta per "precedente, prima" e* 輩 *per "compagno". Kohai si scrive invece* 後輩, *dove* 後 *sta per "successivo, dopo" e* 輩 *sempre per "compagno". Questi caratteri suggeriscono come la linea del tempo stia alla base del concetto. Un senpai è qualcuno che, per età o percorso di vita, è "arrivato prima" e quindi ha più esperienza. Di conseguenza, il kohai è chi "arriva dopo" e quindi ha meno esperienza e una posizione inferiore.*

STRATEGIA ED AZIONI QUOTIDIANE

"Nell'elaborare una strategia è importante riuscire a vedere le cose che sono ancora distanti, come se fossero vicine ed avere una visione distaccata delle cose che, invece, sono più prossime."

Miyamoto Musashi

Avere chiaro un piano, una strategia da rendere operativa, comporta il dover definire azioni quotidiane, essere pronti a misurarne gli effetti ed a modificarle nel caso il risultato non sia ottimale. Cesare aveva strategie condivise che riguardavano il risultato aziendale, strategie che sviluppava e metteva in moto, direttamente con il confronto quotidiano, con Alessandro Montanari e settimanale, con il Presidente Furoni. Cesare aveva però anche le sue strategie personali, dedicate alla carriera, dentro e fuori dall'azienda.

Il suo metodo prevedeva di immaginare il percorso e l'obiettivo da raggiungere, ed a far si che fosse il vertice a disegnare la "sua strategia". Questo meccanismo lo aveva introdotto ormai da vent'anni, quando, i venti, la flora e la fauna della giungla aziendale, gli erano ormai noti. Grazie alla credibilità di cui godeva, era la curiosità l'arma che usava per "far succedere le cose" che aveva immaginato. Le azioni di costruzione dei singoli obiettivi, non le finalizzava durante le riunioni, ma nei corridoi, in mensa, al caffè, dove lanciava alcuni elementi di riflessione che poi, nelle riunioni ufficiali, avrebbero fatto nascere il progetto.

Un progetto, che sarebbe diventato il progetto del vertice, quindi non discutibile dagli altri manager. Ogni incontro con Alessandro Montanari, il suo diretto Kapo, relativo ai nuovi progetti, non era quasi mai improvvisato, ma sempre preparato nel dettaglio relativamente al poco che gli avrebbe trasferito, per stimolare la curiosità. Più difficili da preparare erano, invece, gli incontri nei quali oltre al presidente, Riccardo Furoni, era presente anche il cugino Mario. Con lui bisognava preparare errori o criticità da mettergli sul piatto, criticità che lui avrebbe utilizzato per praticare il suo sport preferito, ovvero, quello di smontare il lavoro degli altri.

Gli errori o le criticità preparati da Cesare, avevano tuttavia sempre una soluzione, una risposta ben chiara, che Cesare, aveva già fatto emergere precedentemente, anche se non in maniera palese, ad Alessandro Montanari o a qualche altro collega di Cesare che, chiaramente in questa maniera, toglieva le castagne dal fuoco o, nella peggiore delle ipotesi, generava un conflitto. Conflitto che Cesare avrebbe poi cercato di placare, evidenziando la correttezza delle considerazioni di Mario, che poi soddisfatto, essendo anche non troppo competente, veniva messo all'angolo, - in maniera non troppo conflittuale - dal cugino. La strategia e la lucidità avevano caratterizzato la sua carriera in diverse occasioni. La prima grande occasione si presentò quando, ancora quarantacinquenne era il direttore commerciale di buona parte dell'Europa di una delle divisioni farmaceutiche del gruppo ed il Direttore Generale di questa divisione, sarebbe andato in pensione. I candidati a sostituirlo erano Cesare ed il suo collega che si occupava del Medio Oriente e dell'ovest Europa, Cristiano Prandi.

Giovane ingegnere trentenne, aveva ottenuto risultati veramente entusiasmanti nel Medio Oriente, soprattutto con un'abile azione di shopping, ovvero individuando e portando a casa acquisizioni di medie e piccole società che operavano nei paesi di cui si occupava. Parlava quattro lingue, tra cui l'arabo, era giovane, aveva avuto successo legato allo sviluppo, mentre il mercato europeo seguito da Cesare, mostrava crescite contenute anche se, in termini di marginalità, il risultato era veramente di grande soddisfazione.

I pronostici erano sicuramente a favore di Cristiano Prandi, per età ma anche perché, il Direttore Generale, Guido Nespoli, prossimo pensionato, lo aveva indiscutibilmente proposto come suo successore. Questo anche per il fatto che, con Cesare aveva avuto qualche robusto confronto. Cesare infatti, solido e determinato, essendo pratico e concreto non sopportava chi faceva considerazioni non adeguate, soprattutto, se occupava posizioni di rilievo. In un paio di occasioni quello, che in quel momento era il suo kapo, aveva manifestato "uscite infelici", soprattutto con il personale, uscite che Cesare, aveva contestato abbastanza platealmente.

Un contesto che aveva determinato, al di là dei brillanti risultati, la perdita del feeling necessario per lavorare insieme. Guido Nespoli, aveva manifestato, con determinazione, questa mancanza di feeling, anche con il presidente Furoni, il quale, tuttavia, avendo chiare le qualità ed i risultati raggiunti da Cesare, non si era fatto condizionare dal prossimo pensionato. Questo però, innegabilmente, aveva fatto si che Cristiano, poteva comunque, contare su uno sponsor di peso. A questo punto, era necessario pensare in maniera diversa, ed attuare una nuova strategia.

Cesare si dedicò a ricercare nuove opportunità di sviluppo attraverso la diversificazione e la ricerca, aprendo nuovi mercati sinergici con i business principali. In particolare, trasformò quella che, in un'azienda farmaceutica, era un'attività prevalentemente di produzione, in un'attività con forte spinta alla ricerca, alla compliance e continuità terapeutica, attraverso una notevole integrazione tra business diversi, contesto che, oltre a generare un incremento dei fatturati, fece crescere il margine complessivo. Velocemente, attivò un piano per implementare la struttura dirigenziale, magari non perfetta, ma, sotto il suo controllo, in grado di garantire la gestione dell'evoluzione e del cambiamento di perimetro. Oltre a ciò, si introdusse nei contesti istituzionali dei vari paesi europei ed in particolare, nei contesti confindustriali italiani, creando un network di confronti molto importanti, con collegamenti internazionali, diventando il ponte delle connessioni e delle relazioni industriali europee nell'ambito farmaceutico.

In pratica, costituì i presupposti per essere la figura chiave per la valorizzazione del gruppo e di conseguenza, fondamentale, per la gestione e lo sviluppo dell'area di mercato, in quel momento, più importante dell'azienda. Il vertice, in tale contesto, capì che non poteva scegliere tra chi, aveva fatto crescere il business con acquisizioni al di fuori dell'Europa e chi, aveva sviluppato con marginalità il mercato esistente, soprattutto, grazie ad una forte azione di innovazione e trasformazione.

In questo contesto, il Consiglio di Amministrazione, sulla spinta di Alessandro Montanari, non volendo perdere il giovane talentuoso Cristiano Prandi, ma volendo anche far crescere colui che, con una visione manageriale di alto livello, aveva dato una svolta importante al gruppo, salomonicamente decise di creare due

Direzioni Generali, dividendo il business farmaceutico nel mondo in due parti e quindi aprendo a Cesare, lo sviluppo dei paesi ancora inesplorati del Sud America e dell'Est Europa, dove serviva assolutamente innovazione e creatività. Nessuno si era accorto della strategia che Cesare aveva attuato in quell'occasione. Approfittando degli errori di presunzione commessi da Cristiano Prandi, scontento del fatto che, inspiegabilmente, a suo parere, non era rimasto solo al vertice, errori con i quali, in diverse occasioni, aveva penalizzato il risultato aziendale, Cesare attuò una nuova strategia.

Approfittando delle caratteristiche di Mario Furoni, attraverso il suo collega della direzione finanziaria, fece mettere in discussione le scelte strategiche adottate da Cristiano Prandi che avevano penalizzato i margini delle sue aree di business e nonostante, lui avesse cercato di difenderlo, fu attaccato pesantemente anche da Alessandro Montanari e dal Presidente Furoni. Dopo diciotto mesi, Cesare assumeva la direzione generale di tutto il business mondiale farmaceutico, a seguito dell'uscita di Cristiano Prandi che, persa la stima del vertice decise di passare con un ruolo di vertice ad un'altra company internazionale, ma con dimensioni più contenute rispetto al gruppo Furoni.

LE TRAPPOLE

"Una trappola è una trappola solo quando non la conosci. Quando la conosci, si tratta di un'opportunità"

China Miéville

Lucidità, pragmaticità e razionalità erano gli approcci di Cesare che, evitava il più possibile l'emotività. Niente amicizie! Considerava le relazioni amorose che, ogni tanto, nascevano all'interno dell'azienda da parte dei suoi collaboratori o colleghi, una fesseria ed un modo pratico per tagliarsi le gambe. Insomma, una vita professionale sempre sul pezzo! Nonostante questo approccio estremamente asettico, poco alla volta, Cesare aveva abbassato la guardia con il suo amministratore Delegato Alessandro Montanari.

Con lui, si era abituato, nel tempo, a non mettere in campo sempre strategie personali, ma anzi, poco alla volta, lo aveva aiutato a capire le logiche, con le quali, costruire le strategie, che poi, in un certo momento, gli avevano permesso di liberarsi di Giovanni Bertolucci. Cesare lo aveva aiutato a comprendere, poco alla volta, le persone e quindi ad utilizzarle per i propri fini. Lavorare in un'azienda ed avere successo, è un qualche cosa che genera immancabilmente invidie e gelosie, dentro e fuori dall'azienda. L'autorevolezza e la qualità dei comportamenti, generano infatti sempre delle azioni da parte dell'esterno. Azioni e reazioni generalmente distruttive per le quali Cesare, costantemente, doveva mettere in atto adeguate strategie di difesa e contromosse per sfruttare ogni situazione. L'essere capace di mettere la propria faccia in ogni situazione con la determinazione di chi le cose le pensa e le ripensa, sia all'interno dell'azienda ma anche al di fuori dell'azienda, era un elemento di forza, ma chiaramente richiedeva a Cesare di essere sempre in guardia. All'interno dell'azienda, i risultati e la credibilità, gli davano una notevole tranquillità in quanto, pur essendo consapevole di non essere insostituibile, era cosciente di essere una pedina, fondamentale, per salvaguardare i mercati più critici, nei quali, si stava operando, soprattutto, per quello che riguardava la parte profittuale del business.

Già, le marginalità erano una parte fondamentale nelle strategie del gruppo in quanto, i margini generati dalle attività seguite da Cesare, erano indispensabili per finanziare gli altri business e soprattutto gli investimenti che questi richiedevano. Quindi, all'interno della holding, Cesare era molto forte! Forse non completamente amato dai vertici che, appunto, lo temevano per le sue caratteristiche di leader, ma molto rispettato, perché conosceva tutte le dinamiche aziendali ed i meccanismi che le determinavano. Un contesto che gli permetteva anche, di essere tranquillo dagli attacchi dei colleghi o da chi stava sotto di lui, sia per le sue capacità di gestire le situazioni ma anche per il fatto che, i vertici lo dovevano necessariamente preservare. Cesare, inoltre, pur non risparmiando nulla per difendere le sue idee o per gestire le storture che l'organizzazione spesso metteva in evidenza, sapeva come svicolare ed evitare le trappole che via via all'interno dell'azienda venivano posizionate.

Lo aveva fatto con Ruggiero Sarigi che, estremamente carente nel gestire le problematiche legate alle risorse umane, e soprattutto con nessuna voglia di prendere decisioni, in diverse occasioni aveva cercato di far ricadere su Cesare, la mancata soluzione di criticità sul personale. Lo aveva fatto con il suo collega Marcello, Direttore dell'Innovazione Tecnologica che, avendo fatto scelte errate nell'ambito dello sviluppo di software, aveva generato, costi esorbitanti e soprattutto notevoli vincoli sulle evoluzioni, cercando di scaricare il problema sulla Direzione Generale e quindi su Cesare.

Nel contesto della Fauna aziendale, in questo caso si stava parlando del ***manager avvoltoio*** che, come in natura, il noto uccello si nutre degli avanzi. Marcello, che si trovava in una posizione assolutamente non pertinente per le sue caratteristiche, chiaramente si barcamenava e sfruttava necessariamente a sproposito, le competenze dei suoi collaboratori.

Conoscendo la Fauna aziendale, Cesare aveva preparato in anticipo le mosse per prevenire le trappole che, il poco capace Marcello, avrebbe messo in atto! Le aveva preparate fornendo a Mario Furoni, che per un periodo ne era stato sponsor, tramite Ruggiero Sarigi, le lamentele ricevute da parte dei collaboratori di Marcello, che mettevano in evidenza gli errori delle scelte permettendo, a Mario Furoni, di mettere in campo la sua specialità di lapidazione degli altri esseri umani.

Con questa mossa, non solo Cesare aveva gestito con anticipo l'attacco, ma aveva fatto si che Marcello, dopo due mesi, lasciava l'azienda, creando l'opportunità per sostituirlo con una figura competente. Nonostante la sua posizione ed il fatto che per il gruppo le sue caratteristiche erano fondamentali, Cesare aveva dovuto rintuzzare e gestire anche gli attacchi di Mario, che evidentemente aveva il dente avvelenato nei suoi confronti per la mancanza di leadership rispetto Cesare.

Prendere decisioni all'interno di un contesto aziendale complesso, non è esente da errori e questo Cesare lo sapeva bene ed è per questo motivo che, la strategia del "far accadere le cose", lo aiutava a gestire eventuali valutazioni errate o non congrue che, se Cesare avesse portato avanti solo, sarebbero state certamente impugnate a muso duro da Mario Furoni, come aveva fatto con altri manager che era stato capace di silurare o smontare professionalmente. Analogamente, ma in questo caso era molto più semplice, la gestione dei possibili attacchi da parte di alcuni suoi dirigenti, richiedeva sempre attenzione. Il fatto di aprirsi con una finta confidenza con i suoi diretti collaboratori, con il cosiddetto "Tu", "la confidenza" che Cesare concedeva a pochi, era l'elemento che li rendeva trasparenti nelle intenzioni alla visione esperta di Cesare. In particolare, Francesco Modigliani e Ciro Quattrini, che miravano entrambi al posto di Cesare, nel più breve tempo possibile, spesso, ma ingenuamente pensavano di attivare delle trappole per metterlo in difficoltà, trappole nelle quali, alla fine, entrambi cadevano.

La strategia che Cesare adottava nei loro confronti era di convincerli di avere credibilità e di essere davanti all'altro, per poi spostare l'attenzione tra di loro quando si accorgeva del fatto che uno di loro stava ideando una possibile trappola. Ciro, da buon manager maiale, non amava fare fatica e pur essendo di fine intelligenza, le eventuali trappole che metteva in atto quasi sempre si scontravano con le barriere della struttura. Francesco invece, prediligendo costruirsi una squadra con la rete amicale dei suoi collaboratori, cercava di usare loro, molto spesso mandandoli allo sbaraglio.

Come sempre l'eccessiva sicurezza, il sentirsi forti, è un errore che Su Tzu nel suo libro, "l'arte della guerra", evidenzia in maniera molto precisa. Cesare, nel contesto aziendale era ormai convinto di avere tutto sotto controllo, di avere la tranquillità di un contesto nel quale sentiva di muoversi con agio. Tuttavia, solo a posteriori, gli insegnamenti di Sun Tzu, si palesarono in maniera pesante. Inaspettatamente, la sicurezza del contesto che conosceva, gli si rivoltò contro e nel momento del bisogno, si trovò solo ed abbandonato da quelli che aveva fatto crescere e da quelli che aveva portato ad avere prestigio.

Chiaramente, il contesto esterno era molto diverso. Soprattutto nei tavoli associativi, dove generalmente, sono presenti le figure apicali delle aziende, che guidano organizzazioni più o meno grandi, in contesti anche multinazionali dove, comunque, l'autorevolezza ed il carisma sono fondamentali, il dover riconoscere che, qualcun'altro ha una leadership decisamente superiore, è molto difficile da digerire. Cesare, aveva una leadership ed un carattere decisamente superiore alla media delle eccellenze delle aziende che popolavano i contesti associativi del mondo farmaceutico, soprattutto italiano. Il dover riconoscere (anche inconsciamente) che qualcun altro è più bravo, generalmente genera due tipi di reazione.

La prima, quella intelligente, è di accodarsi per massimizzare il lavoro ed i risultati che, le capacità dell'altro, possono portare anche all'azienda che gestisco o ai personali risultati. La seconda reazione, quella stolta, è di mettersi contro, ed ostacolare anche quello di buono che c'è nel lavoro dell'altro, solo per cercare di ridurne il più possibile, la leadership. Un'approccio alla Mario Furoni per intenderci, dove la parola chiave diventa demolire l'altro. Se questo modello può avere un senso nei contesti competitivi, non ha nessun senso nei contesti di settore, perché crea confusione e soprattutto rallenta i processi. Oltre a ciò, l'approccio distruttivo, spesso diventa poi l'elemento aggregante anche nei confronti di coloro che avevano attuato l'approccio positivo, creando un momento in cui, l'approccio negativo riesce in qualche maniera a far breccia ed a cambiare lo scenario.

Tutto questo Cesare lo sapeva bene, ed anche nei contesti esterni, attuava dove possibile, la logica del "far accadere le cose". Individuati i possibili detrattori che temevano la sua leadership, dedicava molto tempo per coinvolgerli direttamente nei processi, facendoli diventare molto spesso, gli stessi promotori del progetto o delle soluzioni. Chiaramente, questo era possibile se si era nelle condizioni di dedicare tempo per conoscere la nuova giungla, molto diversa da quella specificatamente aziendale ed in particolare, i suoi perimetri e soprattutto la sua fauna.

Non era però sufficiente, in quanto, la fauna che popolava quella giungla, a sua volta arrivava da una giungla aziendale specifica e per conoscerne i comportamenti, era necessario provare a capire bene i contesti delle singole giungle aziendali, nelle quali, la fauna era cresciuta e si era adattata.

"I manager sono persone che fanno le cose nel modo giusto. I leader sono persone che fanno la cosa giusta"

Warren G. Bennis

LA PREPARAZIONE

"La fortuna è il risultato della preparazione."

Jack Young Blood

Strategia, sempre strategia, analisi e conoscenza, erano la chiave di volta delle azioni di Cesare.

È chiaro poi che, nel momento in cui si attraversano contesti facilmente declinabili, come quelli che costituiscono le giungle aziendali per poi invece, passare ai contesti della politica e delle istituzioni, indipendentemente dal paese in cui si opera o si voglia operare, le cose hanno percorsi e scenari molto più complessi. In tali contesti, i centri di potere occulto sono molto meno decifrabili soprattutto con pesi specifici molto più significativi. Per Cesare, la strategia e la pianificazione, erano fondamentali per la gestione manageriale dei vari contesti, la preparazione di conseguenza, diventava l'elemento fondamentale per pianificare.

Cesare preparava i dati e gli scenari con dovizia, in funzione di quello che prevedeva potesse accadere. Con l'esperienza sapeva che non bastava concentrasi solo su un paio di contesti, ma la preparazione accurata passava per almeno 4 o 5 ipotesi e di conseguenza possibili soluzioni. La preparazione era altrettanto fondamentale nei colloqui importanti, soprattutto, con i politici o figure istituzionali. Avendo frequentato, oltre che corsi di psicologia, anche corsi di morfopsicologia, Cesare sapeva, in base alle caratteristiche del viso, i tipi di comportamento che, di massima, i singoli personaggi potevano avere. Per lui, studiare i video e le interviste, analizzare le fotografie e quindi i caratteri principali del viso di quello che sarebbe stato il suo interlocutore, capire le frasi e le parole che usava di più, la postura di quando parlava in pubblico, gli permetteva di costruirsi una serie di riferimenti, fondamentali, per creare interesse, immediato, nell'interlocutore.

La comunicazione guidata e studiata a tavolino diventava l'elemento fondamentale e questo, in generale, era una chiave di successo per spostare verso l'alto il "far succedere le cose". Cesare dedicava, alla preparazione di un'incontro importante, almeno un'intera giornata. Partire dall'analisi del viso era fondamentale. La morfopsicologia è una disciplina, relativamente recente, che nasce in Francia a metà del 900, grazie agli studi del Dottor Louis Corman, psichiatra e psicologo infantile.

Il volto ci parla e ci comunica le sensazioni e le percezioni che, la nostra mente non evita ma, anche inconsapevolmente, immagazzina e ci spinge ad avere un certo comportamento, a fare determinate azioni, oppure no. Non solo gli occhi sono lo specchio dell'anima: ogni tratto, ogni espressione, ogni ruga del volto è un indizio che svela i pensieri nascosti, le vere emozioni, persino la storia delle persone che ci stanno intorno. Saper leggere questi indizi, significa conoscere meglio chi ci stà di fronte in modo da poterne valutare e comprendere i pensieri ed gli atteggiamenti.

È difficile impedire al corpo di rivelare ciò che pensiamo e sentiamo davvero, perché, indipendentemente dalla nostra volontà, le emozioni trovano sempre un modo per manifestarsi. Il volto è la parte più sensibile del corpo, la sede di ben quattro dei cinque sensi, quella che, con più facilità, reagisce agli stimoli interni ed esterni.

Cesare non era un esperto di Morfopsicologia, ma, da curioso ed assetato di conoscenze, aveva approfondito la materia per proprio conto, leggendo molti testi e partecipando ad alcuni convegni, dove aveva conosciuto molti docenti che gli avevano dato le basi necessarie a quello che Cesare riteneva fondamentale: capire chi aveva di fronte. Chiaramente, per Cesare l'analisi del viso non era un'operazione semplice, soprattutto quando si trattava di interpretare le rughe profonde del viso dalle fotografie o dai filmati, ma era per lui un esercizio entusiasmante, soprattutto quando, dopo l'incontro, si accorgeva che, quello che il viso aveva detto sul carattere, corrispondeva alla realtà. Ma l'interpretazione morfo psicologica non era da sola sufficiente per completare la preparazione all'incontro. Il linguaggio, le parole più usate, erano ulteriori elementi per inquadrare le caratteristiche dell'interlocutore e per poter predisporre la struttura comunicativa che avrebbe favorito l'incontro. Naturalmente, anche la lettura del linguaggio del corpo e la preparazione del proprio, per predisporre anche l'adeguato "mirroring" (*), erano per Cesare, la parte conclusiva della preparazione all'incontro. L'obiettivo era, far passare il maggior numero dei messaggi che facevano parte della strategia di Cesare. Sapeva che, in generale, i politici dedicano pochi minuti di attenzione agli interlocutori e solo la corretta preparazione comunicativa, allarga lo scenario temporale. Cesare non aveva mai avuto incontri con le figure politiche inferiore ai 30 minuti nei quali, era riuscito a trasferire con successo almeno il 60% di quanto aveva previsto.

(*) Mirroring: Questo comportamento si chiama proprio mirroring, è una tecnica che mira a riprodurre la comunicazione sia verbale, sia non verbale, del soggetto che ci sta di fronte, al fine di creare un rapporto di sintonia e di empatia. E quindi questa empatia si traduce in un abbassamento della nostra soglia di attenzione.

Il termine mirroring deriva appunto dall'inglese mirror, che vuol dire specchio; quindi, è come se noi ci specchiassimo nei linguaggi o negli atteggiamenti fisici nei confronti dell'altra persona. Tutto ciò permette alle persone di sentirsi ben accolte, comprese, e di sentirsi empaticamente in relazione con noi.

IL BUSINESS ED I PARASSITI

"Le due cose più importanti che non compaiono nel bilancio di un'impresa sono: la sua reputazione ed i suoi uomini."

Henry Ford

Nonostante una grande attenzione alla strategia, alla preparazione ed alla costruzione di progetti sostenibili e concreti per i vari stakeholder, nel business i rischi sono sempre "dietro l'angolo". Infatti, avere un'esposizione continua e con successo, avere le idee chiare e la determinazione per perseguirle, spesso genera invidie ed azioni negative. Un'invidia che contrasta quanto di positivo viene creato o costruito, spesso demolendolo e trasformandolo in qualcosa di poco utile per il sistema.

In generale non sono i progetti ad essere giusti o sbagliati, ma sono gli individui, a farli diventare interessanti o a demolirli, spesso, anche senza una specifica o oggettiva ragione. Per quanto abili e scaltri si possa essere, non sempre è semplice distinguere, tra le tante persone con cui si viene in contatto, le persone serie da quelle meno serie e quelle credibili da quelle meno credibili o addirittura pericolose.

Vivere in una giungla, è difficile ma, con esperienza e logica, è possibile gestirla. Tuttavia, quando le giungle si intrecciano e la fauna si mescola, la situazione diventa molto più tortuosa, anche per chi è abile. La costruzione dei business, è complessa, perché si basa su progetti e su relazioni, dove il successo o l'insuccesso, anche del progetto più interessante, si scontra non con la razionalità e la sostenibilità, ma con l'intreccio degli interessi dei singoli, e non del sistema.

La visibilità di Cesare, ed i risultati che la sua azienda stava ottenendo sui vari mercati, da un lato, stimolava le invidie dei diretti competitors, ma anche l'attenzione di chi, in quei mercati, non era presente ma pensava che, poterci entrare, sarebbe stato semplice e redditizio. Ovviamente in ogni angolo del mondo, oltre alle modalità più o meno etiche connesse alle logiche competitive, è possibile imbattersi in personaggi in cerca di opportunità che si muovono nel sottobosco degli affari.

Personaggi che cercano di mettere in relazione, le personali conoscenze con figure di peso specifico importante, nei vari modelli di business pubblici o privati. Contesti che, se non gestiti con attenzione, risultano molto pericolosi e rischiosi per il mondo industriale. Una giungla nella giungla, con una fauna ricca anche di insetti che possono risultare letali. In oltre trent'anni di attività verso il mondo privato e quello pubblico, in tanti paesi con modelli usi e costumi diversi, l'organizzazione guidata da Cesare era stata sempre capace di intercettare, i modelli competitivi rischiosi e le figure poco etiche. I soggetti che, in qualche maniera, cercavano di infilarsi nei business, creando, nella giungla, ulteriori trappole molto rischiose. In tale ambito, il sottobosco - prevalentemente negli appalti pubblici -, abitato dalle figure alla ricerca di profitto con ogni mezzo, non è un patrimonio solo italiano, in quanto è presente in tutti i paesi europei e non. Tuttavia, la dimensione italiana e la frammentazione del potere sugli acquisti pubblici, determinato dalla responsabilità regionale, rende il fenomeno molto più evidente, soprattutto, per come la comunicazione mediatica può utilizzare i fatti. Gli affari, nascono da una domanda ed un'offerta e dalle modalità di contrattazione tra le due parti.

Una parte dei business nascono tra privati, ovvero aziende in grado di vendere impianti, prodotti, servizi per le necessità di altre aziende, mentre, l'altra parte dei business, sono generati dai rapporti tra le aziende private ed il Pubblico, per le varie necessità che questo si trova ad avere nell'ambito della gestione delle infrastrutture e del benessere dei cittadini. Mentre tra privato e privato, le regole che portano all'acquisto e alla relativa fornitura, seguono dinamiche molto varie ma prevalentemente lineari nel percorso, tra privato e pubblico le regole sono invece molto strette, determinate dai codici di acquisto tramite appalti che, i singoli paesi, si sono imposti. Il compito dell'acquisitore, ovvero colui che acquista, è di comprare al meglio. Se nel contesto privato, il migliore acquisto è un plus diretto per l'azienda, nel pubblico, l'acquisitore mette in moto pratiche di acquisto che devono portare vantaggio alla comunità; in pratica, un qualche cosa di molto aleatorio e spesso difficile da misurare con criteri oggettivi.

Nascono quindi, nel pubblico, percorsi che hanno tempi enormemente lunghi e costruzione di capitolati non sempre qualificati o logici. E' indiscusso che, sia in ambito privato, ma a maggior ragione in ambito pubblico, l'acquisitore o le organizzazioni di acquisto, hanno un notevole potere.

In natura, l'essere vivente è soggetto a subire aggressioni da una disparità di parassiti tra i quali, i più pericolosi sono quelli legati all'acqua. Alcuni parassiti possono addirittura metterne a rischio la vita e tra questi, c'è un parassita che può entrare in contatto con l'essere umano, non solo con l'acqua: la Tenia. Un parassita che può rimanere tranquillo, senza particolari disturbi (si stima che il 5% degli americani abbia la Tenia senza saperlo) ad esempio all'interno dell'apparato digerente (in quanto, anche la carne può esserne il veicolo) ma che, nel momento in cui si attiva e colpisce la parte neurologica, porta all'epilessia ed anche alla morte. Gli approcci, non sempre lineari, da parte di funzionari delle varie

163

aziende e dei personaggi che cercano di porsi, tra gli acquisitori e le aziende, sono paragonabili alla Tenia nel corpo umano. Come minimo, si nutrono del lavoro degli altri ma, se toccano le corde degli interessi personali connessi al potere, come la Tenia quando arriva all'area neurologica e mette in crisi il corpo umano, sporcano l'equilibrio delle relazioni e rovinano il contesto competitivo. Se l'azienda è una giungla, il business è una giungla ancora più intricata ed anche, il mantenere comportamenti ed approcci etici e corretti, non è sempre una garanzia o una certezza di poter sfuggire all'alone di sospetto che viene innescato dal sistema. Un sistema che tende a considerare i meccanismi industriali sempre oltre il limite.

Cesare e la sua organizzazione lo sapevano bene e come prassi, l'approccio competitivo, era sempre molto lineare e lo sviluppo di innovazione, avveniva solo su progetti virtuosi e con logiche competitive semplici, tenendo comunque sempre lontano i possibili parassiti.

Francesco De Angelis, detto Checco, era uno di questi parassiti! Francesco, quarantacinquenne, romano d'hoc, era il Direttore Generale di GHS (Global Health Service) Srl, una realtà a capitale cinese e con sede a Roma che era, in parte, concorrente anche di Hesperia. GHS, era una società di proprietà della Zhou Corporations Ltd, importante Holding Cinese. Sviluppava business in ambiti molto diversi, aveva sede a Shanghai ed era guidata da Mr.Zhou Shaoran, socio di maggioranza della Holding e presidente di GHS. Da quanto noto, Zhou, pur essendo un personaggio molto spregiudicato nelle modalità di gestione dei business in Cina, nel suo paese, era molto potente. Global Healt Service, si occupava prevalentemente dei servizi di global service ospedalieri, core business della Holding in molti paesi del nord Europa. Da una decina d'anni, in Italia, si era costruita, con modalità, più o meno etiche, anche uno spazio nel mondo farmaceutico soprattutto, sfruttando lo spazio creato da Hesperia sui servizi legati alla continuità terapeutica con innovative terapie farmacologiche, visto che poteva contare sulla ricerca e sulla produzione diretta in Cina.

Francesco De Angelis, soprattutto per le discutibili modalità con cui si muoveva nei business pubblici, era, ovviamente, in ottima sintonia con Mr.Zhou, condizionando, anche per incarico, le strategie di GHS. Francesco, non faceva nulla per risultare simpatico e si relazionava, sempre, con una notevole dose di arroganza, sia con i suoi clienti, pubblici e privati, che con i concorrenti. Da quello che si sapeva, le armi con le quali si allargava nei vari ambiti dei business, erano poco etiche e puntavano a fare breccia sul singolo funzionario, certamente non con logiche di sostenibilità e proattività. Francesco e l'azienda che dirigeva, era stato messo in difficoltà in più occasioni nei confronti della sanità pubblica, sia dagli operatori dei vari settori - prevalentemente nell'ambito dei global service ospedalieri - che dagli organi di stampa, senza che però mai, fosse scaturita nessuna specifica indagine. In qualche occasione, anche l'organizzazione di Hesperia aveva messo in luce, le dubbie modalità con le quali GHS sviluppava i propri business. Lo stesso Cesare, in contesti istituzionali, aveva avuto modo di segnalare, la scarsa serietà morale, con cui, qualche impresa, si proponeva sul mercato, senza però entrare mai nel dettaglio, ma di fatto citando i fatti negativi che avevano coinvolto GHS, ed i funzionari pubblici che in qualche maniera le erano legati. Di fatto il De Angelis, odiava visceralmente Hesperia, la sua organizzazione e soprattutto Cesare, che invidiava per i risultati e la credibilità ottenuta sui vari mercati.

Francesco, uomo spregiudicato che, da tanti anni, si muoveva in diversi business all'interno del sistema pubblico ed in particolare quello della sanità, aveva veramente tante conoscenze. Soprattutto, ormai sapeva quali erano le figure più o meno influenti che, nelle diverse aree della pubblica amministrazione, potevano essere interessate alle sue modalità di approccio e soprattutto fino a che punto. In ogni paese, la sanità è spesso sotto i riflettori, perché coinvolta da scandali, collegabili a modalità corruttive su funzionari pubblici. Se questo avviene in ogni paese del mondo, di sicuro si sa', che in

Italia, la sanità, più che in ogni altro contesto, fa audience! È la voce di spesa del sistema pubblico più elevata e per il potere specifico che tale contesto determina, emergono scandali spesso non collegati a reali e giustificati clamori. È l'area, per l'impatto economico e sociale che determina lo scontro tra i vari schieramenti politici. L'area nella quale lo scontro della politica diventa violento, dove magari è possibile che contesti di malaffare vengano costruiti ad arte per danneggiare pesantemente chi ne viene coinvolto. È l'area che, nelle regioni che evidenziano anche scenari mafiosi, la corruzione si mescola con altre forme di delinquenza, creando contesti invivibili e pericolosi.

La Magistratura ha la possibilità di lavorare, alacremente, per sradicare il malaffare che coinvolge la Sanità, anche se, contesti negativi, creati ad arte, possono far diventare i Magistrati, involontario strumento di una o dell'altra parte politica. Teoremi accusatori, costruiti appositamente nei confronti delle aziende che operano con il Pubblico, teoremi che determinano scalpori, non sempre giustificati, cavalcati più volte all'anno, dalla stampa per la ricerca di visibilità.

I Magistrati pugliesi, attivarono un'indagine a 360° sulla malasanità regionale, dove emergevano anche diramazioni in Lazio e Calabria e collegamenti con diverse figure di rilievo della politica di queste regioni. Le indagini partirono da due importanti appalti in Puglia, uno per la fornitura di arredi e delle sale operatorie, per il rinnovo di buona parte delle strutture ospedaliere regionali, l'altro, relativo ai servizi di global service per tutti i presidi ospedalieri della Puglia. Due appalti che, complessivamente, pesavano oltre trenta milioni di euro all'anno, cadauno per 3 anni e che vedevano, dubbie, le modalità di determinazione dei soggetti che erano risultati aggiudicatari. Questo, soprattutto perché era emerso che, le aziende erano collegabili alla medesima proprietà. Emergeva come, Mr.Zhou Shaoran con Francesco De Angelis, avevano costituito ed acquisito, in Italia, una rete di aziende e start up nelle quali, il network della Holding Zhou Corporations, era entrato con capitali ed aveva messo al vertice uomini di fiducia.

Magistrati calabresi e romani, si erano attivati su tale filone ed avevano scoperto che, anche nelle regioni di loro pertinenza, oltre a GHS altre aziende riconducibili alla Zhou Corporations, in analogia a quanto emerso in Puglia, erano vincitrici di appalti di entità milionarie, aggiudicati in maniera dubbia, dalle centrali d'acquisto regionali. 10 figure politiche di spicco, trasversali ai partiti, risultavano collegate a tali appalti che, complessivamente, superavano il miliardo di euro e che vedevano implicazioni di almeno 50 funzionari pubblici. Francesco De Angelis venne arrestato e del mondo privato vennero arrestati i manager che governavano le aziende strettamente connesse con la Zhou Corporations, vincitrici degli appalti. Mr. Zhou, per quanto indagato, in qualità di legale rappresentante di GHS che, era tra le aziende che avevano fruito degli appalti, non fu' sottoposto a misure cautelari in quanto, in quel momento era, in Cina. Un'operazione che creò grande scalpore dove, i teoremi costruiti anche dai media, crearono una notevole cassa di risonanza, capace di generare un grande disgusto e fastidio al cittadino. Dalle indagini emergeva come Francesco de Angelis, sia per allargare il mercato di GHS che, per personale sete di denaro, con la presunzione di essere intoccabile, era diventato molto ingordo. Si era costruito un suo spazio nel mondo degli appalti pubblici in sanità, diventando il regista di buona parte delle operazioni, presumibilmente poco lecite, in alcune specifiche aree territoriali.

Dopo gli arresti, le indagini si allargarono a dismisura e soprattutto, per quanto il De Angelis raccontò ai Magistrati, toccarono, a torto o ragione, altre 10 aziende in settori diversi ed una trentina di manager ed imprenditori. A torto o ragione in quanto, Francesco De Angelis, necessariamente reo confesso, accusò impropriamente, di fatti corruttivi, mai avvenuti, molte aziende concorrenti nei vari ambiti, che lo avevano messo in difficoltà. Checco, infatti, senza una spiegazione apparentemente logica, fornì ai Magistrati, pseudo confessioni ed un corposo dossier che conteneva una notevole quantità di suoi appunti nei quali, senza nessuna concreta ed oggettiva evidenza, ipotizzava azioni corruttive, verso i personaggi di peso della pubblica amministrazione, a lui legati. Gli appunti evidenziavano, come Francesco, avesse pensato di trascinare, imprenditori e manager, a versare del denaro a favore di funzionari pubblici a lui legati, per salvaguardare le loro attività. Non si trovarono però tracce ed evidenze certe, in grado di dimostrare, in maniera palese, che tali coinvolgimenti si fossero realmente attuati, almeno per una parte delle aziende che Checco aveva immaginato di coinvolgere. Tuttavia, la mescolanza tra elementi che realmente confermavano, azioni non etiche da parte di qualche funzionario e qualche manager, e di contro la mancanza di reali elementi per altri, permise comunque, ai Magistrati di costruire un teorema accusatorio complessivo.

Lanciarono una rete nella quale, a seguito delle ammissioni, più o meno concrete, di De Angelis, finirono pesci piccoli e grandi, ma anche detriti ed in questa rete, probabilmente come detrito, i Magistrati si interessarono anche di Hesperia. Che il De Angelis, fosse una persona non etica, era noto a tutti gli operatori del settore e quindi anche a Cesare ed alla sua organizzazione. Checco era un gradasso, uno spavaldo arrogante, che si muoveva ai margini del consentito anzi, oltre i margini del consentito…! Tuttavia, nessuno, anche in Hesperia, aveva avuto la reale percezione di quello che si scoprì dai giornali, leggendo dell'indagine partita in Puglia e successivamente quelle delle altre regioni coinvolte; dell'arresto di Francesco De Angelis, di funzionari pubblici e politici noti. Tutti rimasero allibiti nel leggere le aziende importanti di servizi e prodotti per la sanità pubblica, che erano state coinvolte nell'indagine dal De Angelis. La documentazione, presente nei dossier di Francesco De Angelis, senza nessuna concreta ed oggettiva evidenza, permise comunque ai Magistrati di costruire un teorema, su presunte azioni corruttive che, anche Hesperia avrebbe condotto, nei confronti di un funzionario pubblico.

Le ovvie relazioni, specifiche del suo lavoro, che il responsabile vendite di Hesperia aveva con i principali funzionari pubblici, ed i contatti che aveva avuto modo di avere con alcuni funzionari della Pubblica Amministrazione, che, in maniera palese successivamente, si era scoperto avevano una stretta, ma occulta, collaborazione con Checco De Angelis, coinvolse Cesare, come legale rappresentante di Hesperia e del suo direttore vendite, nel circolo nero del sospetto e del giudizio. Insomma, per uno strano teorema, siccome Francesco era un poco di buono che aveva ammesso, alcune delle colpe, che i Magistrati gli imputavano, chi era da lui accusato, anche senza oggettive prove, diventava come lui e, su questo bisognava costruire la specifica tesi di indagine. Anche Hesperia, quindi, risultò tra le aziende indagate e Cesare ed il direttore vendite si ritrovarono, illogicamente ed impropriamente, altrettanto coinvolti senza aver fatto nulla di poco etico, ma solo per il fatto di essere stati accusati da Francesco De Angelis. A quell'epoca nessuno però, si rendeva ancora conto di cosa realmente si nascondesse dietro questo "bubbone" esploso nella sanità italiana. Solo grazie al lavoro del Colonnello della Guardia di Finanza Marcello Penniconi e del PM Stefano Oriali, che non erano convinti del quadro accusatorio complessivo e soprattutto delle prove emerse, dopo 20 mesi, la verità cominciò a prendere forma. Scoprirono che, i quadri accusatori, costruiti ad arte per rovinare aziende sane del contesto industriale italiano e le figure maggiormente credibili ed influenti della sanità italiana, sia in ambito pubblico che privato, erano stati mescolati alle reali azioni corruttive ed alla debolezza di alcune figure della pubblica amministrazione e della politica.

Il Colonnello Penniconi scoprì che, la GHS, era il braccio operativo in Italia dei servizi segreti cinesi. Infatti, tramite la Holding di Mr. Zhou, che in qualche maniera, nel suo paese, poteva contare sugli appoggi anche della mafia cinese, l'obiettivo dei servizi segreti era, mettere le mani sui principali contratti pubblici, non solo in sanità. Lo scopo era di incidere negativamente sui conti pubblici del paese per poter, poco alla volta, aumentare il controllo cinese sull'Italia e sulla sua economia. Tutto ciò, anche distruggendo lentamente, sui vari mercati, la credibilità delle aziende e delle figure manageriali più importanti e serie. Probabilmente, di tutto questo, anche Francesco De Angelis non era completamente consapevole!

Ma tutto questo emerse dopo troppo tempo!

PRESUNTO COLPEVOLE

"È facile passare dall'applauso alla gogna, dalla gloria all'insulto. Anche per la persona più nobile e innocente, basta uno schizzo di fango e subito c'è gente che incomincia a trovarle difetti, a scoprire errori, colpe che vengono ingigantite. (...) La stessa gente che gridava «evviva» ora grida «abbasso», chi gridava «ti amo» ora grida «ti odio», chi gridava «vita» ora grida «a morte»"

Francesco Alberoni

L'Italia è un bel paese, ricco di bellezze di storia e di persone simpatiche, ma praticamente da sempre, ha due piaghe: gli appalti pubblici, ed in particolare quelli relativi alla Sanità, e la Giustizia, chiaramente, oltre ai contesti delinquenziali più o meno organizzati. La sanità italiana, pur potendo contare su eccellenze cliniche anche a livello mondiale, costruita su una giusta logica universalistica della cura, da sempre, evidenzia modelli non adeguati, con grandi aree di spreco ed inefficienza senza logica.

La totale assenza di innovazione dei modelli è legata al fatto che, il turnover politico, anche volendo, non riesce ad attuare i necessari cambiamenti. A questo bisogna aggiungere che, i pochi funzionari veramente capaci e con visione strutturata, sono incastrati in un'apparato burocratico frequentemente stolto, incompetente ed inconcludente. Tutto questo determina spesso, il prevalere degli interessi personali che, i vari centri di potere, mettono in campo. Se la sanità evidenza carenze strutturali, ancora più complesso è, il poter interpretare cosa, in Italia, voglia dire giustizia e come questa, venga esercitata.

Prima di tutto, una giustizia che richiede anni per dare delle risposte, ovviamente, è già di base deficitaria. La storia mostra poi chiaramente, come negli anni, la giustizia, soprattutto per quanto riguarda il pubblico, sia stata utilizzata, anche a fini politici, per scardinare uno o l'altro colore dei vari schieramenti, ed anche quanti errori di valutazione sono stati commessi, con ingiuste condanne. In Italia, il potere dei Magistrati è veramente straordinario.

Un potere che però, deve essere gestito con attenzione, in quanto, nel momento in cui un Magistrato attiva delle indagini, per "il sistema" coloro che sono indagati, da "liberi cittadini" diventano "presunti colpevoli". Nonostante l'essere indagato, non determina una colpevolezza, anche se non si ha commesso nulla, di fatto, questa condizione diventa, per "il sistema", un'elemento di preventiva condanna, che rende l'indagato, già colpevole, con tutte le conseguenze del caso. In quasi tutto il mondo democratico, di solito, per i sistemi giudiziari, sei innocente fino a prova contraria, mentre in Italia, succede il contrario: per il sistema, nel momento in cui un Magistrato decide di indagarti, diventi colpevole fino a prova contraria. Una prova contraria che poi arriva magari dopo anni, quando sarà complesso poter ripulire l'ingiusta macchia.

Una stortura, in un contesto definito democratico, che diventa terribilmente lesiva dato che, i percorsi per dimostrare l'innocenza, richiedono periodi lunghissimi che, alle volte, sono di molti, troppi, anni. Un periodo lunghissimo nel quale, l'indagato, vive come in una bolla, perdendo molti dei diritti di "libero cittadino" e, subendo angherie dal sistema, che poi, nessuno ripagherà. Un'alone nero, estremamente, pesante per le persone oneste che, solo per il fatto di essere accusati ingiustamente o essersi imbattuti in persone che, hanno commesso reati, diventano "presunti colpevoli".

Cesare, per il suo modo di essere, per la sua "marzialità", per come gestiva l'eticità della sua vita privata e quella aziendale, non avrebbe mai pensato di trovare all'alba di quella mattina, un'intromissione così pesante nella sua privacy un radicale cambiamento dei paradigmi su cui aveva basato fino a quel momento la sua vita. Diventare un "presunto colpevole".

Ogni individuo accusato di un reato è presunto innocente sino a che la sua colpevolezza non sia

stata provata legalmente in un pubblico processo nel quale egli abbia avuto tutte le garanzie necessarie per la sua difesa.

(Dichiarazione Universale dei Diritti Umani, Articolo 10, 1948)

QUELLA TERRIBILE ALBA

"La notte non è mai così nera come prima dell'alba ma poi l'alba sorge sempre a cancellare il buio della notte."

Romano Battaglia (Notte infinita, 1989)

Alle 5 e 30 di quella mattina di inizio estate, senza sapere il motivo, si era trovato otto persone in casa che, suonando insistentemente il campanello, avevano svegliato di soprassalto lui, Jolanda ed il cane! Otto persone, che avevano dichiarato di essere della Guardia di Finanza e di dover attuare una perquisizione. Cesare, anche dando una rapida lettura ai documenti che gli erano stati sottoposti, non riusciva a comprendere il motivo di quell'invasione e certo di un'errore, si era addirittura spazientito. A questo punto, dopo la sua reazione, uno degli agenti, gli aveva mostrato la pagina, nella quale, era citato il suo nome.

177

Nonostante la confusione, Cesare era riuscito ad inquadrare il contesto ed anche senza darsi una spiegazione, aveva cercato di rimanere calmo, soprattutto, per non turbare Jolanda. Entrambi prestarono la necessaria collaborazione, aiutando gli agenti all'assurda perquisizione che terminò dopo 4 ore. Da quel momento, Cesare e Jolanda, entrarono in un mondo parallelo del quale, non conoscevano neanche l'esistenza. Un mondo assurdo dove, d'un tratto, le scarne illazioni e strani teoremi, connessi alle confessioni di Francesco De Angelis, diventavano prove; trasformavano Cesare, che non aveva commesso nulla, da cittadino rispettoso delle istituzioni, in uno pseudo delinquente. Era emerso dalle indagini e dalle intercettazioni, che il De Angelis, in maniera comprovata, era un poco di buono, un corruttore che aveva costruito una rete delinquenziale in molti appalti italiani. Di conseguenza, per i Magistrati, necessariamente, anche coloro che lui citava direttamente, nelle confessioni o tramite suoi appunti, erano dei poco di buono.

Quindi anche Cesare e la sua organizzazione, erano come Checco De Angelis. Le scarne tracce che i Magistrati avevano trovato servirono proprio a costruire questa tesi, a trasformarlo in "presunto colpevole". Ma la cosa più avvilente fu quella che, a seguito di tale indagine, Cesare e Jolanda, scoprirono a posteriori. Dopo una vita condotta in maniera etica, sempre rispettoso della legge e dei doveri di cittadino, per il sistema, Cesare era ora catalogato quasi tra i criminali, solo per il fatto di essere indagato. Trattandosi di indagine su presunti atti corruttivi, i Magistrati, nell'ambito dei provvedimenti, imposero il blocco dei conti correnti di tutti gli indagati. Quindi anche Cesare e Jolanda, si trovarono, improvvisamente impossibilitati, ad effettuare le normali operazioni che, oramai, sono imposte dal nostro modo di vivere.

Da quel momento, il sistema pubblico e le banche avrebbero considerato Cesare persona da evitare, problema non indifferente visto che ormai, oggi, ogni operazione di pagamento o incasso deve passare per il sistema bancario. Cesare e Jolanda, scoprirono che esisteva una direttiva della Banca d'Italia che, per le regole antiriciclaggio, imponeva ai gruppi bancari di cessare i rapporti con clienti sottoposti ad indagine per reati corruttivi, senza tuttavia, averne prima verificato la reale consistenza delle accuse. Per venti giorni, lui e Jolanda si trovarono in una situazione imbarazzante, con i conti correnti bloccati dai Magistrati, quindi, senza poter avere possibilità di prelevare fondi per il sostentamento, o modalità per pagare le bollette!

Una situazione veramente critica e frustrante, per uno come Cesare che, era sempre deriso dai conoscenti, perché pagava in anticipo le scadenze. Restò veramente sorpreso quando, il gruppo bancario molto importante, sul quale aveva i suoi conti correnti da quarant'anni, gli chiese di cessare i rapporti, nonostante non ci fosse nessuna condanna. Cesare scoprì anche che, il sistema bancario, gli avrebbe negato il credito qualora ne avesse avuto bisogno. Insomma, Cesare e Jolanda, solo per una tesi costruita su scarne informazioni, e false confessioni, si trovavano emarginati dal contesto sociale, con serie difficoltà economiche, legate all'impossibilità di poter fruire dei loro beni.

Una situazione veramente terrificante ed affliggente. Ma l'ulteriore pesante delusione si palesò dal giorno successivo alla visita, a casa ed in azienda, dei funzionari della Guardia di Finanza. I vertici del gruppo per il quale aveva lavorato - gruppo che aveva fatto crescere per trent'anni - lo abbandonarono al suo destino. I suoi colleghi ed i collaboratori, soprattutto i dirigenti che puntavano con determinazione al suo posto, immediatamente, lo emarginarono, magari sperando di trovare un proprio vantaggio da questo nuovo imprevisto contesto. Se da un lato Cesare capiva, che formalmente, in casi del genere, l'azienda deve prendere le distanze per evitare che le norme della "231" (*) blocchino le attività aziendali, la posizione delle singole persone, capaci di sparire e dimenticarsi di chi aveva fatto il bene dei singoli e dell'azienda, lo destabilizzò veramente tanto.

Anche lo stesso Alessandro Montanari, con il quale aveva lavorato fianco a fianco per tanti anni e fino al giorno prima, diventò di nebbia; da quanto venne a sapere, entrò totalmente nel pallone, perdendo tutta quella capacità decisionale che, evidentemente, solo con il supporto di Cesare, era in grado di avere.

Alessandro Montanari, come tutta l'organizzazione di vertice, era anche spaventato dal fatto che, il presidente Riccardo Furoni, aveva dato pieni poteri alla parte legale esterna, la cui interfaccia era Ruggiero Sarigi che, diventò assieme a Mario Furoni il grande accusatore. Mario Furoni, che potendo mettere in campo la sua specialità di denigrazione, si diede un gran da fare per trovare, nelle pieghe del sistema, gli eventuali errori di gestione commessi da Cesare, ma peggio, spinto dal Sarigi, cercava di costruire un teorema di poca serietà o addirittura di disonestà da parte di Cesare.

Per lui era molto frustrante, vedere che, tutto quello che aveva costruito con serietà, in trent'anni di lavoro dentro e fuori dall'azienda, con delle modalità che andavano ben oltre la disponibilità, competenza e proattività, in un'attimo era stato messo in discussione, soprattutto da chi ne aveva goduto o comunque raccolto i frutti. Questo era un qualche cosa che non avrebbe mai immaginato, e pur con il suo approccio freddo e razionale, veramente, lo fece traballare.

Non era certo una novità che, in Italia, i soli sospetti, più o meno veri, permettono ai Magistrati di mettere in campo, indagini su persone o aziende, creando una macchia indelebile che, illogicamente, sancisce una colpa che, magari, a posteriori, si dimostra senza fondamento. Accuse che, diventano una colpa acclarata e che il sistema paese sancisce, mettendo in discussione i tuoi diritti, la tua storia e la tua reputazione facendoti diventare un "presunto colpevole" che però, per tutti, sei già colpevole.

Una situazione imbarazzante, che mette a dura prova il carattere, l'equilibrio e la reattività di ogni essere umano. Come nella giungla, l'animale ferito nella migliore delle ipotesi viene abbandonato al suo destino, o peggio, aggredito per diventare parte della catena alimentare, d'improvviso Cesare, si trovò solo in un'isola deserta! Pur consapevole che il genere umano è tutto, tranne che umano, riuscì a meravigliarsi della spregiudicatezza con la quale, sia chi contava, ma anche chi era solo una pedina all'interno della sua azienda, sparì. Sparirono tutti, senza pensare neanche un momento se, Cesare e la sua famiglia, con risorse economiche non fruibili, fossero o meno in difficoltà, senza pensare che magari, solo un sostegno morale, sarebbe stato di aiuto. Ma si sà la giungla è la giungla! L'animale ferito deve essere lasciato solo a morire! E nella giungla aziendale, pur tralasciando il Presidente Furoni, a partire da Alessandro Montanari, a scendere, tutti gli animali aziendali, da lontano, guardavano se l'elefante, alla fine, sarebbe morto.

Scimmie, istrici, topi, maiali, criceti e cani, potevano guardare da lontano senza intervenire. Cesare aveva sempre preteso molto dall'organizzazione che dipendeva da lui, ma anche dal vertice; era sempre stato altrettanto capace di aiutare singolarmente tutti quelli che avevano bisogno di un supporto. Lo aveva fatto sempre in maniera disinteressata, solo con il fine di aiutare la crescita dei singoli volenterosi e la crescita aziendale. Certamente era stato invece molto duro con chi non faceva il proprio dovere scaricando su altri, il proprio lavoro. Solo per questo motivo, gli era difficile capire quello che riceveva di ritorno da parte di chi aveva fruito del suo stile di direzione.

Poco male, l'elefante era ferito, ma non aveva nessuna intenzione di soccombere e soprattutto aveva grande memoria!

(*) Il decreto legislativo 21 novembre 2007, n. 231 è una norma della Repubblica Italiana finalizzata a prevenire e reprimere il riciclaggio di denaro, beni o altre utilità, emanata in attuazione delle direttive dell'Unione Europea 2005/60/CE e 2006/70/CE, a scopi di prevenzione di terrorismo. L'obiettivo principale della disciplina introdotta dal Decreto 231 è quello di rendere responsabili gli enti degli illeciti – anche penali – che vengono commessi nel loro interesse o a loro vantaggio e che sono resi possibili dalle carenze della struttura organizzativa degli enti stessi (colpa da organizzazione)

LA RAZIONALITA'

*"È più facile stimolare nell'uomo la sua
emotività che non la sua razionalità"*

Oscar Wilde

Per fortuna, Cesare era un razionale e soprattutto, un combattente che, superato il primo momento di disorientamento capì che, come negli altri fatti spiacevoli che gli erano accaduti durante la sua vita, era il momento di non piangersi addosso, recuperare la lucidità e come era abituato a fare, introdurre una strategia, definire gli obiettivi e pianificare le azioni. Per prima cosa, era necessario fare l'inventario delle persone di cui si poteva fidare, su cui poteva contare. Chiaramente, si accorse che, l'unica figura certa era Jolanda, con la quale aveva condiviso l'esperienza e da subito, come sempre, si era schierata al suo fianco, aiutandolo ad uscire dal torpore.

Come Cesare, anche Jolanda, si trovava in un contesto nuovo e difficile, ma capiva che non doveva abbattersi, per sostenere Cesare. Per capire se, nella fauna aziendale e non aziendale, ci potesse essere qualche punto di riferimento gioco forza, Cesare attese che, chi voleva mostrargli sostegno, arrivasse a lui per strade diverse. Già rendere il percorso di avvicinamento più difficile, creava la scrematura, ma questo non era necessario, perché furono veramente pochi, sinceramente fedeli, che trovarono il modo di contattarlo. Con la tecnica del far succedere le cose, Cesare attivò, per ogni relazione, una specifica strategia che vedeva, nella relazione con altri, la verifica della posizione che la figura stava tenendo. Con questa strategia, Cesare restrinse ulteriormente il cerchio e capì i pochi animali, che potevano far parte del suo branco anche se a distanza. L'analisi delle accuse, la declinazione di come queste erano state impostate dai Magistrati, sulla base delle false confessioni di Checco De Angelis, l'approfondimento di tutti gli atti, permise a Cesare di ricostruire i singoli fatti illustrati nel corso di un arco temporale di almeno sei anni e comunque, terminati quattro anni prima; costruire attorno ai singoli punti d'accusa, la corretta teoria e relativa spiegazione.

Con tali presupposti, Cesare impostò, appunto, la strategia, anche indirizzando i legali di fiducia, con un duplice obiettivo. Quello di dimostrare la sua totale estraneità da quanto gli veniva contestato, riscattare, per quanto possibile la sua immagine e "sbattere in faccia" all'azienda ed alle persone che la costituivano, il peso dell'assenza di approccio umano. Chiaramente, bisognava andare per passi e non mescolare le azioni ed era su questo che, la strategia di Cesare, si doveva strutturare. Da quanto emergeva dai documenti d'accusa e dalle analisi documentali che Cesare aveva condotto, declinando i singoli punti, ma anche le interpretazioni letterali delle frasi o degli appunti di De Angelis, sui quali i Magistrati avevano costruito "il castello", si percepiva la debolezza del quadro accusatorio. Dal pool di avvocati arrivavano segnali positivi e si poteva percepire, che la strada, poteva non essere molto in salita, pur non avendo ancora contezza di quello che il Colonnello Penniconi aveva ricostruito. Quello che preoccupava Cesare, erano, invece, i tempi che sarebbero stati necessari affinché la difesa potesse esser emessa in campo.

L'aspetto tempo, inoltre, era l'altro argomento che rendeva complicato il recupero dell'immagine, cosa a cui Cesare teneva in modo particolare. Cesare però, oltre che combattente, era anche vendicativo e seppur razionale, faceva fatica a circoscrivere la voglia di vendetta nei confronti dell'azienda, ma soprattutto delle persone che la rappresentavano e che senza logica, l'avevano abbandonato al suo destino. Per quanto razionale e pragmatico, Cesare faticava a digerire tutti i problemi che, questo insulso castello di accuse, aveva portato nella sua vita di semplice ed onesto cittadino. Cesare faceva fatica a comprendere come in Italia, probabilmente in maniera differente da quasi tutti i paesi del mondo democratico, la giustizia fosse decisamente anomala e discutibile. Un contesto dove, il solo presupposto di indagine da parte di un PM, permette di etichettare un cittadino, con una storia totalmente irreprensibile, rispettoso delle leggi e dell'etica, come "presunto colpevole". Tutto in una volta, nel momento in cui si è indagati, il fatto di essere persone oneste non conta più. Si viene avvolti in un alone nero con il quale tutti, colleghi, amici, istituzioni, bene che vada, ti guardano con sospetto, ma il più delle volte ti evitano e diventi per il mondo, un fantasma. Le banche non ti vogliono anche se hai denaro, non sei insolvente e se hai rapporti magari ultradecennali, la forza pubblica se ti ferma per un controllo di routine, ti tratta come il peggiore dei delinquenti.

Insomma, Cesare, da cittadino quasi modello, inserito in un contesto sociale di livello, rispettato nel mondo lavorativo ed industriale, dalle istituzioni cittadine e non solo, tutto ad un tratto, si era trovato emarginato, evitato e giudicato. Tutto per un teorema accusatorio, costruito sulle confessioni, anche se non provate, di un delinquente, come il De Angelis. Il maremoto che aveva impattato sulla vita di Cesare aveva trovato solo una grande conferma, sua moglie Jolanda, che dal primo momento, lo aveva supportato sostenuto e sollevato nei rari momenti di debolezza che avevano toccato.

Cesare e Jolanda erano molto diversi. Lui estremamente razionale e deciso, un po' introverso, aveva come sua metà Jolanda, solare ed emotiva ed, insieme, erano una forza della natura, capaci di lottare contro tutto e contro tutti.

Pasquale Rinaldi, era il direttore della filiale della banca con la quale Cesare e la sua famiglia avevano rapporti da oltre trent'anni. Si trattava di una banca internazionale con un peso specifico importante in Italia e non solo. La filiale diretta da Rinaldi era la più grande presente su Milano nord. Cesare non aveva solo rapporti personali con questa banca e con questa filiale, in quanto, in considerazione dell'importanza dell'istituto Cesare, in qualità di legale rappresentante dell'azienda, movimentava importanti operazioni finanziarie non solo in Italia.

Pasquale Rinaldi era un Pugliese doc, simpatico, cortese ed alla mano! Era molto competente e disponibile, al contrario dei suoi collaboratori, anche se, il suo approccio al lavoro, sembrava molto più in linea con quello di chi lavora nel pubblico, piuttosto che per chi lavora per un importante istituto di credito. Con Cesare, Rinaldi era sempre cortese e quando aveva l'opportunità di incontrarlo in filiale, gli piaceva chiacchierare, amabilmente, del più e del meno.

Era affascinato dal ruolo e dal carisma di Cesare, di quello che aveva costruito professionalmente e privatamente; ne ascoltava con interesse i progetti ed, in diverse occasioni, gli aveva fornito suggerimenti per investimenti interessanti! Quella mattina, con riluttanza, aveva chiamato Cesare chiedendo di passare in filiale. La sede centrale dell'istituto che rappresentava, gli aveva segnalato che Cesare era sottoposto ad indagini penali, quindi, era necessario cessare i rapporti. Rinaldi voleva a tutti i costi cercare di capire, intervenire su questa indicazione, sia per la simpatia che aveva nei confronti di Cesare, ma anche per il peso che, Cesare aveva come cliente sulla filiale, sia individualmente che, per il ruolo aziendale.

L'incontro non era stato uno dei migliori, da un lato per l'imbarazzo, per motivi diversi, di entrambi, ma anche per il fatto che Cesare si sentiva particolarmente offeso da questa comunicazione che, indipendentemente dal puro rapporto tra cliente e fornitore, lo colpiva come uomo, come cittadino. In un contesto che lo vedeva assolutamente estraneo a qualsiasi accusa, con una vita sempre onesta e rispettosa, si trovava, ora, vessato dalle istituzioni, ancor prima che fosse dimostrato un qualsiasi tipo di colpevolezza. *Presunto Colpevole!*

Cesare capiva in quel momento, quello che in diverse occasioni aveva avuto modo di sentire dai media: "il cittadino onesto, ingiustamente accusato, che si ritrova colpevole senza condanna ed emarginato dalla società". Un contesto che, visti i tempi della giustizia, dura tantissimo tempo, anche anni, salvo che poi quando l'innocenza viene dimostrata, è necessario altrettanto tempo, se non di più, per recuperare lo status precedente. Fermo restando che, non è detto sia possibile riuscirci, sia per le difficoltà oggettive di veicolare le informazioni con i media, dato che "il non scandalo" non fa audience, sia per il fatto che, molte persone, colpite da questa ingiustizia sociale, combattono ma si ammalano, anche lasciandoci la vita, come nel caso Enzo Tortora, che è il caso principe, che però guida una larga schiera. Cesare uscì dall'incontro molto arrabbiato, e si attivò non con poche difficoltà a ricercare un nuovo istituto di credito, sul quale volturare i fondi di cui disponeva. Aveva scoperto che Guardia di Finanza e Magistratura, avevano guardato nei conti correnti suoi e di Jolanda, probabilmente, per cercare di individuare movimenti illeciti, sicuramente mettendo a nudo la vita privata di individui, fino a prova contraria integerrimi.

Nonostante il carattere forte e razionale di Cesare, tutte queste situazioni e la scoperta di non essere più un normale cittadino, minavano la sua positività ed il suo buonumore. Tuttavia, Cesare sapeva che, ne sarebbe uscito ancora vincente e scagionato, ma il problema era: tra quanto tempo? Ma dei tanti in Italia che si trovavano o si erano trovati nella stessa situazione di Cesare, quanti avevano lo stesso tipo di reazione? Quanti individui, con una vita sempre onesta e corretta, travolti per motivi diversi, in improvvise ed ingiuste indagini, ed impropriamente accusati, riescono a reagire proattivamente? Quanti, per fatti, non dipendenti dalle loro azioni, vengono crocifissi dal sistema, in contesti che, soprattutto, non hanno scenari di breve durata e sono in grado di superare indenni queste situazioni? Spesso, il peso delle ingiustizie ricevute, crea danni irreversibili nella salute o negli equilibri di chi le riceve, ed è per questo che Cesare, non abbassava mai la guardia e voleva affrontare il problema con razionalità e concretezza.

LA BATTAGLIA

*"Ottenere cento vittorie su cento battaglie non è
il massimo dell'abilità: vincere il nemico senza
bisogno di combattere, quello è il trionfo massimo"*

Sun Tzu

La fase di limbo delle indagini preliminari, durò
18 mesi, a causa della complessità della struttura
accusatoria, del numero di situazioni da esaminare
che i PM avevano introdotto, nei confronti di tutti i
soggetti che, a torto o ragione, Checco De Angelis
aveva coinvolto. Il lavoro di costruzione ed analisi
che Cesare aveva sviluppato sull'impianto
accusatorio, la debolezza dello stesso basato sulle
congetture accusatorie di De Angelis, oltre ad alcuni
errori commessi nelle indagini, permettevano di
essere pronti e fiduciosi ad affrontare, anche
l'eventuale rinvio a giudizio.

Uno scenario che Cesare ed i suoi avvocati, si
potevano aspettare, a seguito delle logiche di ricerca
di sensazionalità che scandali, così complessi nella
sanità, generano. Cesare tuttavia si sentiva forte,
preparato e cattivo. Avrebbe voluto agire, ma
bisognava attendere le evoluzioni delle indagini. Era
difficile poter fruire di un sonno tranquillo in quel
periodo. Cesare faceva finta di dormire, per non
preoccupare Jolanda e quindi, per poter essere certo

di contare sulla sua solarità ed ottimismo nei momenti più duri. Era importante mantenere l'attenzione concentrata sulla gestione del contenzioso legale, senza far si che il fastidio, nei confronti di tutto quello che ostacolava la vita normale ed il comportamento delle persone, che facevano parte di quella, che ormai Cesare considerava la sua ex azienda, incrinassero l'equilibrio e la lucidità. Anche con lo staff dei legali, spesso nascevano elementi di scontro, determinati dalle diverse interpretazioni che, Cesare, con la sua esperienza, riteneva importanti nei contesti e nelle sfumature rispetto a quanto, gli avvocati erano in grado di comprendere.

Lunghi mesi di tensione quindi, che le due rocce, Cesare e Jolanda, dovevano affrontare e guidare sempre da soli!!! Già l'essere soli era quello che maggiormente pesava a Cesare, abituato com'era, ad avere confronti quotidiani con più figure di peso e su questi confronti, costruire la/le strategie. Il "far succedere le cose" di fatto richiede, di coinvolgere più attori con parti diverse. Di conseguenza, l'essere soli, genera un diverso contesto nel quale, mancando il confronto, e quindi, parte degli strumenti normalmente utilizzati, per raggiungere il giusto percorso decisionale e l'obiettivo, è necessario creare nuovi paradigmi. L'elefante vive con il branco e da solo, può essere più debole. Non era il caso di Cesare, che avrebbe rimesso in discussione la sua modalità del "far succedere le cose", affrontando con determinazione questa nuova difficile sfida.

LA VITTORIA

"Chi lotta può perdere,

chi non lotta ha già perso"

Che Guevara

Il contesto che aveva coinvolto Cesare, il suo collaboratore e l'azienda, generava in lui una sommatoria di emozioni: Rabbia, fastidio e disgusto. Rabbia, nei confronti di un'ingiustizia incomprensibile, arrivata al top della sua carriera. Fastidio, nei confronti dell'atteggiamento e dei comportamenti della sua ex azienda che, nonostante il quadro accusatorio fosse ovviamente inconsistente, non aveva assunto, una precisa posizione di difesa, nei suoi confronti. Disgusto, nei confronti di chi era stato, come uomo, fianco a fianco a lui per tantissimi anni, e che aveva preferito "farsi di nebbia".

Nonostante questo, la razionalità, che da sempre lo contraddistingueva e guidava, gli permetteva di gestire la situazione legale e tutto quello che in Italia, il fatto di essere indagato (anche se impropriamente), determina. Dall'altro, comunque, la tensione determinata dal fatto di essere per così tanto tempo sotto accusa e l'impatto del mancato lato umano, ogni tanto minava la sua lucidità. Era però, sufficientemente esperto, per inquadrare il contesto, sapendo che le aziende che operano nel mondo del pubblico, indipendentemente dalla serietà dell'operato, in Italia sono soggette ad essere analizzate in negativo da un sistema che insegue mostri e molto spesso, li crea.

Sapeva però anche che, comunque, poi con il tempo, tutti i nodi vengono al pettine e la verità emerge, anche se, il problema è che, il tutto non è immediato. Sono contesti che interferiscono nella vita aziendale e personale dei presunti sospetti per molto tempo. La razionalità permetteva quindi a Cesare, di interpretare in parte, anche i comportamenti aziendali che evidentemente dovevano essere basati su un'impostazione di chiusura e distacco nei suoi confronti e nei confronti del suo collaboratore.

Qualsiasi azienda, in uno scenario analogo, ufficialmente, avrebbe dovuto agire nella stessa maniera, per tutelare gli interessi delle parti. La razionalità, invece, non era in grado di contenere il disgusto determinato dal comportamento dei singoli all'interno di un gruppo che, aveva contribuito in tanti anni a far crescere, ed in particolare verso coloro che, in maniera quasi esagerata, per tanti anni gli avevano dimostrato gratitudine e rispetto. A margine di un Consiglio di Amministrazione, il Presidente Furoni, in primis, pochi giorni prima "dell'alba" fatidica, a tu per tu nel suo ufficio, gli aveva esternato come, i risultati raggiunti, non solo in termine di dati finanziari e di crescite dei business, ma anche di visione strategica e di modelli di management, fossero veramente superiori alle attese e mantenuti nel tempo, oltre le aspettative. Un discorso che mirava a capire, per quanti anni ancora il gruppo avrebbe potuto contare su Cesare e, su come Cesare, immaginava la progressiva sua successione. Renato Bianchi, parente dei Furoni ed azionista del gruppo, pur non avendo ruoli specifici nell'ambito delle attività, da sempre si dedicava ad intessere contatti con tutte le figure dell'organizzazione a tutti i livelli, probabilmente per testare lo spirito. Recentemente, in un contesto informale, aveva detto a Cesare che apprezzava il suo stile di direzione, disponibile ma abbastanza "maschio" che, all'inizio del suo mandato, non aveva molto gradito in quanto, decisamente diverso da quello del suo predecessore.

Aveva però con il tempo, capito che lo stile di Cesare era, estremamente efficace e soprattutto gradito e condiviso dall'organizzazione. Insomma, un vertice di gruppo estremamente in sintonia con le modalità di gestione di Cesare, che condivideva, almeno a parole, tutte le strategie e gli approcci che venivano proposti, un vertice che era grato per quello che l'attività generava. Un vertice che, però, nel momento di crisi, aveva abbandonato al suo destino Cesare ed il suo collaboratore, senza porsi ncanche il dubbio se, le accuse, avessero un senso o meno, vista la storia di gestione dell'azienda. Anche l'atteggiamento dei suoi colleghi, avevano lasciato Cesare molto turbato. Aveva avuto informazione che, buona parte dei colleghi, che facevano parte del top management, si erano schierati dalla sua parte, ma il terrorismo che aveva costruito Ruggiero Sarigi e che, probabilmente, aveva condizionato anche le figure di rilievo, aveva fatto si che, praticamente, tutti sparissero nel nulla. La stessa cosa per quanto riguardava i diretti collaboratori e le relative organizzazioni che, d'un tratto, avevano trasformato Cesare in un fantasma. Solo quei pochi che erano capaci di vivere di vita e pensiero proprio, avevano mantenuto i contatti con Cesare.

Insomma, un contesto nel quale Cesare d'un tratto si era trovato a rimettere in discussione l'interpretazione dei valori. Cesare d'un tratto, pur avendo gestito le relazioni con una precisa formalità, si era trovato a rianalizzare le proprie relazioni con i singoli, a riclassificare quelli che potevano considerarsi realmente "uomini" da coloro che, non lo erano o, addirittura, erano inclassificabili. Pur essendo abbastanza attento, aveva dovuto resettare ulteriormente anche il proprio concetto di amicizia che, nello scenario che stava vivendo, metteva in luce chiaramente cosa stava dietro la definizione di "amico". Aveva rafforzato la sua considerazione sull'amore, grazie a quello che la sua compagna di vita gli aveva trasmesso. L'amore, che non era solo basato sulla passione, ma anche e principalmente sul rispetto e sostegno reciproco. Cesare era riuscito, forse per la prima volta in vita sua, a dare un senso proprio alla parola rispetto, analizzando i comportamenti delle persone. Era rimasto sorpreso dal supporto, dalle manifestazioni di stima, non richieste, che gli erano arrivate dall'esterno, anche da figure con le quali aveva avuto discussioni e pesanti confronti.

Insomma, Cesare nell'ultimo terzo della sua vita aveva, gioco forza, necessariamente l'occasione per rimettere in discussione tutti i paletti su cui aveva vissuto, ribaltandone quasi tutti e rafforzandone pochi.

Quanto il Colonnello Penniconi ed il PM Oriali avevano scoperto, rovesciò buona parte dei capisaldi dei quadri accusatori dell'indagine, pulendo l'immagine delle persone oneste accusate dal De Angelis. Cesare, di conseguenza, venne prosciolto in quanto il fatto non sussisteva, così come vennero prosciolti anche il suo direttore vendite, ed anche l'azienda.

Cesare non volle in nessuna maniera riprendere i contatti con coloro che lo avevano abbandonato e continuò ad essere un fantasma all'interno dell'azienda. Un pesante fantasma portatore di dubbi, risentimento e paura all'interno dell'organizzazione. Solo i pochissimi che gli avevano mostrato vicinanza in questo terribile periodo, continuarono a frequentare Cesare e Jolanda. Cesare venne quindi prosciolto dopo 23 mesi dal momento in cui era arrivata "quell'alba". Per ventitré lunghi mesi, la vita sua di Jolanda e dei loro figli che, necessariamente, avevano vissuto a distanza tale contesto, era stata rimessa in discussione, ma un combattente non depone mai le armi. Grazie all'azione di un'ottimo giuslavorista Cesare ottenne anche la giusta soddisfazione economica. Questo non compensava quello che, lui e Jolanda avevano dovuto passare, ma almeno, rendeva giustizia, rispetto alle accuse ed all'atteggiamento da vera giungla che, la maggior parte di chi componeva l'azienda, aveva tenuto.

L'EPILOGO

"Se sei sicuro della tua identità non devi avere paura di nessuno perché nessuno ti può fare del male davvero"

Tahar Lamri

IL FANTASMA

L'evoluzione della situazione che aveva determinato l'assoluta infondatezza delle accuse, sia nei confronti di Cesare, dell'azienda e delle altre figure della Sua organizzazione che erano state coinvolte, non aveva cancellato quello che, durante il periodo di indagini e processuale si era evidenziato come criticità! Un vertice debole, incapace di gestire con razionalità le situazioni di crisi, non può essere nascosto, soprattutto in contesti dove, la situazione, le scelte ed i comportamenti erano sotto gli occhi di tutti. Cesare, dopo questo difficile momento, disgustato dal comportamento di chi gli doveva tanto, aveva deciso di uscire dall'azienda, per dedicarsi, con Jolanda, a costruire un nuovo mondo che non vedeva più il lavoro come il baricentro dell'esistenza.

Da leader dell'azienda, dopo quell'alba, era diventato, improvvisamente, un fantasma. Il peso di quello che aveva costruito, di come aveva trasformato l'azienda ed i mercati nei quali aveva operato, erano il suo monumento; un monumento impossibile da nascondere, che ovviamente potevano garantire una sorta di immortalità della sua immagine. Il peso di un fantasma che, ovviamente, era sempre presente negli uffici, un fantasma che, aveva fatto comprendere ai nuovi manager, ma soprattutto anche alle figure intermedie, come era pericoloso, assumersi delle responsabilità in prima persona, ambire a posizioni di rilievo e quindi puntare alla carriera in un contesto così debole! Il fantasma Cesare era un monito per tutti! Il fantasma Cesare, involontariamente, era diventato l'elemento più difficile da gestire all'interno di un contesto che, poco alla volta, aveva evidenziato un progressivo decadimento della qualità delle persone, sempre meno invogliate ad esprimersi oltre alla giusta normalità.

Il fantasma Cesare pesava nei corridoi dell'health quarter del gruppo, più di una riduzione del titolo in borsa che, comunque, in maniera indiretta si stava evidenziando. Anche gli investitori, infatti, erano stati in grado di percepire la debolezza di un vertice, incapace di gestire le emergenze con razionalità. Nel tempo, questa situazione, aveva determinato un grosso cambiamento nello spirito che animava il gruppo. Si evidenziarono, una riduzione dei risultati economici, una riduzione del valore del titolo, ma soprattutto in un consistente numero di fuoriuscite che, chiaramente, erano coloro, che con talento più o meno reale, non si sentivano di investire, il proprio percorso professionale in un contesto aziendale, non in grado di garantire il futuro di crescita, e, soprattutto di difendere chi doveva gestire le decisioni. L'ipotesi in merito alla possibilità di creare delle joint venture o delle fusioni con altri gruppi, ipotesi a cui il gruppo Furoni e, soprattutto, Riccardo Furoni, aveva sempre risposto con ilarità e sufficienza, ora, stava quasi diventando una necessità per garantire, nel futuro, la sopravvivenza del gruppo che, poco alla volta, si stava svuotando dell'essenza emotiva che, lo aveva fatto sviluppare.

Quell'essenza che il vecchio Angelo Furoni, da poco venuto a mancare, aveva creato. Il gruppo Mitsubishi, da tempo, aveva attivato una collaborazione con il gruppo che aveva come riferimento la famiglia Furoni, una collaborazione che, appunto aveva inizialmente favorito l'espansione in Cina ed in nord America, ma che aveva creato appetiti ai partner cinesi. Infatti, già presenti, e molto forti negli stati uniti ed in India su mercati di alta tecnologia e di informatica evoluta, erano particolarmente stuzzicati dalle tipologie di business creati nel gruppo. Erano anche interessati, alla presenza molto forte del gruppo Furoni in parti del mondo, come, Europa e Sud America. L'interesse era quindi legato alla possibilità di attivare business redditizi nell'ambito dei servizi per il privato ed il pubblico, per i quali i know how erano indispensabili, ma anche dal fatto che i loro know how legati all'alta tecnologia informatica, avrebbero potuto cambiare i paradigmi di molti dei business che, il gruppo Furoni, stava sviluppando. I cinesi, lavorarono molto bene, perché, prima di lanciare l'Opa di acquisto, per un senso di rivalsa verso Riccardo Furoni, avevano già dalla loro parte gli Astolfi. Fabrizio, inoltre, permise di cavalcare l'insoddisfazione dei tanti rivoli che, con nomi diversi dai Furoni, anche se legati alla famiglia, gestivano parte dei titoli del gruppo.

L'operazione, colse di sorpresa Riccardo Furoni che, tutto in una volta, si ritrovò con il controllo del gruppo in mano ai cinesi! Naturalmente, il Consiglio di Amministrazione dovette essere rivisto e, necessariamente la presidenza passò ai nuovi soci. Riccardo Furoni, da quel momento diventò un'altra persona. La perdita della visibilità, su cui aveva costruito tutta la sua immagine di imprenditore, lo colpì duramente, tantè che, dopo pochi anni, pur restando azionista di minoranza, decise di ritirarsi. Il cugino Mario, da subito, fu invitato ad uscire dalle attività operative, in quanto, il top management della multinazionale cinese, capì immediatamente, il peso negativo che, la sua presenza, determinava all'interno dell'azienda. Il nuovo management sostituì anche la quasi totalità dell'organizzazione nata dopo Cesare che, chiaramente, fu declassata o allontanata dal gruppo. Alessandro Montanari, anche per limiti di età, visto che aveva maturato, abbondantemente, i titoli per accedere alla pensione, faceva parte dei manager che, gioco forza, dovettero abbandonare il ruolo. Alessandro Montanari, che aveva dedicato la sua vita al lavoro, sacrificando famiglia, affetti ed hobbies, poco meno che settantenne, si trovava, improvvisamente, solo e spaesato a vivere un contesto nel quale, l'equilibrio e la razionalità manageriale, che aveva dimostrato nella sua carriera erano scomparsi, lasciando spazio ad una forte depressione.

Le notevoli risorse economiche su cui poteva contare, create con il suo lavoro, erano l'unico strumento con il quale riusciva a catalizzare un piccolo interesse da parte dei suoi figli, che ormai grandi, non doveva ufficialmente mantenere, ma che, di fatto, erano molto legati ai suoi conti correnti. Alessandro, per superare questo momento, rafforzò il suo legame con la fede, dedicando, la parte del tempo nel quale non rifletteva su quello che aveva sbagliato nella sua vita, ad azioni di volontariato, azioni con le quali cercava di recuperare i danni emotivi, che aveva creato a chi gli stava vicino nella sua ricerca di potere. Nella baraonda, il più fortunato fu Ruggiero Sarigi. Fu costretto a lasciare il ruolo e l'azienda, ma successe quello che lui sperava da tanti anni, ovvero lo zio morì! Chiaramente ereditò, ma ebbe una grande delusione. Infatti, oltre ad averne sovrastimato il patrimonio, lo zio, prima di morire, fece un colpo di mano. Decise, infatti, di lasciare, una parte del patrimonio, anche agli altri nipoti che si erano disinteressati di lui nel lungo periodo nel quale, invece Ruggiero, si era dato tanto da fare. Oltre a ciò, circa una metà del patrimonio, consistente in alcuni immobili di pregio nel centro di Milano, decise di devolverlo ad una associazione di aiuto ai bisognosi, gestita da suore, nata per alleviare il peso della gestione degli anziani ai nipoti o ai figli. In pratica, Ruggiero Sarigi, che era convinto di non dover lavorare più, comunque si dovette trovare un nuovo impiego, che, naturalmente non era così prestigioso come il precedente.

Anche Francesco Modigliani, dovette lasciare l'azienda e, dopo un primo periodo di sconforto, nel quale si era dedicato a gestire la prole, a seguito dal fatto che la seconda moglie, molto più giovane di lui, stava facendo una carriera molto veloce come CFO di una società finanziaria, trovò il modo di agganciarsi al mondo che lui amava di più, ovvero quello della vela, cominciando ad imbarcarsi come skipper in qualche regata ed in qualche situazione diportistica. Il fatto di essere lontano molto spesso, di aver perso quel finto carisma di cui si vantava, un carisma esclusivamente determinato dal ruolo, impropriamente occupato nell'azienda, raffreddò il rapporto con la sua compagna, che, nel frattempo, aveva attivato una relazione con il suo datore di lavoro. Per la seconda volta nella sua vita, Francesco veniva abbandonato dalla moglie e questo fatto, peggiorò ulteriormente la capacità di visione razionale. Considerando gli importi che deve passare ai due figli avuti con le due mogli, dei quali, quello avuto con la seconda ancora molto piccolo, Francesco, ora skipper a tempo pieno chiaramente deve mantenere una vita morigerata. Tuttavia, in questo momento, Francesco è relativamente contento, in quanto, si dedica alla sua passione e può continuare ad approcciarsi come perenne ragazzino con le compagnie, principalmente femminili che incontra nel suo lavoro da girovago. Dei collaboratori che Cesare aveva cercato, senza successo, di far crescere Ciro, il manager maiale, fu licenziato ancora prima che arrivassero i cinesi, per un paio di errori madornali che, ora non protetto da Cesare, aveva commesso con alcune figure strategiche di valore, che avevano evidenziato la sua poca voglia di lavorare. Gli "animali con qualità" che, con Cesare avevano compreso la modalità necessaria ad essere manager, restarono in azienda con ruoli importanti.

Marino Carboni, assunse la Direzione Commerciale italiana di uno dei nuovi business che, i cinesi, avevano attivato nell'integrazione tra le attività di Hesperia e le loro tecnologie. Anche altre figure, che Cesare aveva fatto crescere e alle quali aveva dato fiducia, assunsero ruoli apicali in alcuni paesi non solo europei. Massimo Pane, Maurizio Panucci e Rodolfo De Chirico, vennero attenzionati dal top management cinese e raggiunsero, in pochi anni, i più alti livelli manageriali internazionali all'interno della holding, grazie alla competenza, al know how specifico, ma, soprattutto, per la capacità di relazionarsi, con tutti i livelli, in maniera proattiva con le modalità che avevano appreso da Cesare. Oggi Massimo Pane ha il ruolo di Direttore Generale della company farmaceutica, a lui rispondono tutte le filiali del mondo per un volume d'affari superiore ai 10 Md di dollari e vive a Shanghai, dove è l'unico top manager non cinese.

<u>JOLANDA E CESARE</u>

Quella mattina di meta luglio, il sole era caldo e la giornata era limpida già alle 7 del mattino. Il pomeriggio del giorno precedente, Cesare aveva ormeggiato la barca in rada in un'insenatura a ovest dell'isola di Paros, e come i giorni precedenti, nonostante una leggera brezza di libeccio, il mare, era calmo. Cesare si era alzato presto, e con il tender aveva già portato Falkor, il bellissimo incrocio di "corso" della famiglia Perego, sulla spiaggia per una salutare "sgambata". Era poi rientrato ed aveva preparato la colazione per lui e Jolanda, che invece era rimasta a poltrire sotto le lenzuola.

Ancora assonnata, Jolanda, sempre sorridente, si era presentata in coperta solo con il pareo, aveva salutato Falkor, che le aveva manifestato la sua felicità nel vederla con il solito grande entusiasmo, e poi aveva dato un bacio a Cesare che stava servendole la frittata mattutina. Navigavano attorno alle isole greche ormai da due mesi, e le bellezze del paesaggio non finiva mai di stupirli. Erano ormai passati sette mesi dalla chiusura di quella terribile esperienza che li aveva colpiti, erano passati sette mesi quando erano riusciti finalmente a tirar fuori la testa dalla frana che li aveva ingiustamente sepolti.

Cesare dopo questa dura esperienza aveva deciso di cessare qualsiasi tipo di attività operativa e cercare di curare le cicatrici con una vita diversa solo con chi gli era stato sempre vicino. Cesare aveva vissuto un'esperienza veramente dura, soprattutto dal lato umano, visto che improvvisamente i vertici di quell'azienda che aveva contribuito a costruire, i suoi collaboratori, ma soprattutto, la figura che per età affinità intellettuali ed esperienza considerava amico, gli avevano voltato le spalle, come se fosse un lebbroso.

Aveva saputo che dal momento in cui era partita l'indagine, era stato imposto a tutti di non nominare Cesare, di non cercarlo, naturalmente tutto guidato da Mario Furoni e da Ruggiero Sarigi, azioni alle quali Alessandro Montanari non si era mai opposto, e mai aveva fatto un qualche cosa verso Cesare. Anche ad indagini concluse, concluse in maniera nettamente positiva, sicuramente per vergogna, nessuno del vertice ebbe il coraggio di trovare un confronto diretto con Cesare.

Solo qualcuno degli ex colleghi, che erano stati intimiditi da Sarigi durante le indagini, provò a prendere contatto con Cesare, però senza successo, in quanto nel frattempo Cesare aveva predisposto un suo virtuale muro di contenimento per isolarsi dalle negatività e dalla falsità. Ma tutto passa! Le ferite si rimarginano e le cicatrici che queste creano restano come monito a fare tesoro delle esperienze e come manifesto, per tutti, che ora si è più forti.

Questa ulteriore esperienza, aveva rafforzato la scorza dell'elefante Cesare nei confronti dell'amicizia, e lo aveva fatto diventare ancora più selettivo nei rapporti interpersonali, ulteriormente più attento a come gestire i sentimenti. Questa esperienza, al contrario, aveva rafforzato il rapporto tra Cesare e Jolanda che era sempre stata il suo pilastro di sostegno, e lo aveva aiutato a curare le ferite. Quello che ci capita nella vita, lascia sempre delle cicatrici e quello che questo contesto aveva generato aveva creato in Cesare una cicatrice profonda.

Cesare però, adesso era diverso, più attento alle piccole cose ed a come goderle, più freddo nei rapporti con i conoscenti, ulteriormente non disponibile all'amicizia, che tanto lo aveva deluso. Il sistema paese Italia, sia per come lo aveva conosciuto direttamente con il lavoro, sia per i fatti che lo avevano toccato direttamente, lo avevano confermato come un paese complesso sotto tanti punti di vista, e questo aveva generato in Cesare, la voglia di ricercare nuovi orizzonti e confini. Da quel momento, Cesare e Jolanda avevano quindi deciso di spostarsi all'estero e vedere nuovi angoli del mondo. Amando entrambi il mare, la prima tappa della loro nuova vita è stata la Grecia, o meglio le isole della Grecia. Passano, per ora, gran parte del loro tempo in mare sulla barca che, Cesare, finalmente è riuscito ad acquistare.

Deciso a cessare le attività operative, ha comunque attrezzato, la sua barca per potersi collegare, per eventuali video conferenze, poichè molte aziende, a seguito della sua professionalità ed esperienza, continuano a chiedergli collaborazioni e consulenze, da remoto. Anche se per ora hanno deciso di passare buona parte del tempo, a navigare da un'isola all'altra tra Grecia e Turchia, Cesare e Jolanda hanno affittato una villa sopra un promontorio sulla costa dell'Attica, dove passare gli inverni, una villa dalla quale, da ogni punto si vede il mare.

La fine dell'iter processuale e la dimostrazione della totale estraneità di Cesare, costò molto alla sua ex azienda che, dovette combattere con quello che, la sua presenza fantasma, aveva determinato negli equilibri organizzativi e competitivi. Due anni di sofferenza che, Cesare e Jolanda avevano dovuto sopportare, non avevano cambiato il loro spirito e la loro determinazione.

Sicuramente, il contesto ne aveva modificato i paradigmi e alcuni modi di pensare, e anche di vivere, ma certamente, aveva rafforzato il loro rapporto e la loro unione. Una nuova vita che faceva guardare con ottimismo e serenità il futuro. Una nuova vita che doveva far dimenticare le cicatrici che il contesto, ma soprattutto i comportamenti di quelli di cui Cesare si fidava, avevano determinato.

LA VITA CONTINUA

*"Lasciamo ai pigri ed ai vili le vie piane e sicure:
i valorosi salgono alle vette"*

Lucio Anneo Seneca

La vita di ognuno di noi passa attraverso alti e bassi! Momenti di gioia e felicità, momenti di profonda tristezza o addirittura panico. Questa è la vita, ed il nostro compito, è quello di prepararci per gestire questi alti e bassi per tutto il tempo nel quale saremo presenti su questa terra, lasciando possibilmente un segno tangibile di quello che abbiamo fatto. Quando si naviga, la parte divertente è quando troviamo il bel tempo, il mare piatto, ma è altrettanto avvincente essere in grado di guardare lontano, anticipare i cambiamenti del tempo per cercare gli approdi sicuri, ma quando questo non è possibile, bisogna essere in grado di navigare anche con il mare in tempesta, cercando di uscirne nel più breve tempo possibile con i minori danni. Anticipare la tempesta o uscirne vittoriosi, è certamente motivo di grande soddisfazione che ci permette di crescere, costruire nuove esperienze che ci fanno diventare più forti. Così è la vita!

Una montagna da scalare o un mare da navigare, contesti nei quali dobbiamo avere chiaro dove arrivare, come arrivarci e possibilmente, quando arrivarci. Contesti nei quali, dobbiamo uscire vincenti dalle tempeste che arriveranno perché sempre ed a tutti arrivano, anticipandole o superandole. Anche se ci sembra che la tempesta ci faccia soccombere, se saremo forti, dopo qualche tempo saremo in grado di guardare con soddisfazione come abbiamo superato il momento critico e, saremo pronti ad affrontarne dei nuovi. La lucidità e la proattività sono, probabilmente, i gps ed i barometri che, nella vita servono per accompagnarci in questo percorso, e sono gli strumenti che permetteranno, a chi ci sarà dopo di noi, di misurare quello che abbiamo costruito e, la serietà di come l'abbiamo fatto. Più volte è emerso come non basta essere dei grandi professionisti o dei manager riconosciuti per essere figure di valore.

Siamo esseri umani e non macchine, quindi l'aspetto umano e la nostra integrità morale sono fondamentali per avere le motivazioni ed essere soddisfatti di noi stessi. In un contesto sociale dove l'etica è un po' come le mutande, che si cambiano quando sono sporche, essere persone serie e coerenti è diventato un'eccezione ma, probabilmente, è quel valore che distingue i nostri risultati, da quelli che, buona parte delle persone persegue indipendentemente da quanto impattano o danneggiano gli altri. La vita e la storia mostrano chiaramente come i grandi uomini o le grandi donne, rispettosi del mondo, sono coloro che oltre all'ingegno sono stati capaci di raggiungere i migliori risultati con i propri mezzi, senza danneggiare gli altri. Uomini o donne che sono stati esigenti con se stessi, che non si sono accontentati mai, cercando di essere realmente critici ed obiettivi con se stessi. Nudi davanti allo specchio è difficile mentire a se stessi! Di una cosa Cesare era certo: solo pochi di quelli che aveva incontrato nel suo percorso, avrebbero avuto difficoltà a non vergognarsi di essere nudi davanti allo specchio della coscienza.

"Ricucire un rapporto con chi ha tradito la nostra fiducia è possibile, ma è come rammendare un abito rotto: il segno rimane, indelebile"

Emanuela Breda

INDICE